명상록

명상록

초판 1쇄 I 2016년 6월 30일
  4쇄 I 2022년 10월 5일

지은이 I 마르쿠스 아우렐리우스
옮긴이 I 이동진
펴낸곳 I 해누리
고   문 I 이동진
펴낸이 I 김진용
편집주간 I 조종순
디자인 I 신나미
마케팅 I 김진용·이강호

등록 I 1998년 9월 9일(제16-1732호)
등록 변경 I 2013년 12월 9일(제2002-000398호)

주소 I 서울특별시 영등포구 당산로 20길 13-1
전화 I (02)335-0414 팩스 I (02)335-0416
E-mail I haenuri0414@naver.com

ⓒ 해누리, 2016

ISBN 978-89-6226-056-4 (03160)

명상록

아우렐리우스 지음 | 이동진 옮김

해누리

로마에 개선하는 아우렐리우스

차 례

아우렐리우스의 생애

스토아학파 철학자이자 『명상록』의 저자로 유명한 로마제국의 마르쿠스 아우렐리우스(Marcus Aurelius, 121-180 A.D.) 황제는 출생 당시의 이름이 마르쿠스 안니우스 베루스(Marcus Annius Verus)였다. 집정관인 그의 아버지의 집안은 트라야누스 황제의 경우와 마찬가지로 스페인 계통이었지만, 로마에 오랫동안 거주해 왔기 때문에 베스파시아누스 황제로부터 귀족의 지위를 얻었다.

그는 세 살 때 아버지를 여의었기 때문에 어머니와 외할아버지의 슬하에서 자랐다. 그들은 덕행과 경건함의 모범을 보여 주었을 뿐만 아니라 그리스 문학, 로마 문학, 수사학, 철학, 법률, 그리고 심지어는 회화 등에 관해서도 최고 수준으로 그를 교육했다. 『명상록』 1권에서 그는 자신이 받은 교육에 대한 감사하고 무엇을 그들로부터 배웠는지 정확하게 기술했다.

그를 가르친 선생들은 플루타르코스의 손자이며 케로네아 출신인 섹스투스, 그에게 에픽테토스의 글을 알게 해준 루스티쿠스, 서기 143년부터 161년까지 서신을 교환했던 프론토 등이다.

어린 시절부터 그는 자신의 솔직한 성격 때문에 하드리아누스 황제의 총애를 받았다. 하드리아누스는 그 가문의 성씨인 베루스(Verus, 진실하다는 뜻)에서 따서 그를 "베리시무스(Verissimus, 가장 진실하다는 뜻)"라는 별명으로 불렀다. 하드리아누스는 여섯 살인 그에게 기사단 회원의 명예를 주었으며, 여덟 살인 그를 신성한 살리아 사제단의 일원으로 삼았다.

하드리아누스는 자신의 후계자 겸 양자였던 아렐리우스 카이사르가 죽었을 때, 아우렐리우스의 외삼촌인 안토니누스를 자신의 후계자 겸 양자로 삼으면서 안토니누스가 아우렐리우스와 가이사르의 아들 코모두스를 양자로 삼아야 한다는 조건을 달았다.

하드리아누스는 138년에 죽었고 안토니누스가 그 뒤를 이어 황제가 되었다. 그 다음 해에 아우렐리우스는 카이사르라는 칭호를 받았고, 140년에는 집정관이 되었다. 147년에 호민관의 권한을 부여 받은 이래 그는 안토니누스 피우스 황제가 161년에 죽을 때까지 제국 통치의 무거운 짐을 공동으로 지게 되었다.

그는 15세 때 아엘리우스 카이사르의 딸과 약혼했지만, 안토니누스의 양자가 되었을 때 이 약혼을 파기하고 138년에 안토니누스의 딸 파우스티나와 결혼했다.

안토니누스는 죽기 직전에 "승리의 석상"을 아우렐리우스의 방에 옮겨 놓고 황제의 권한을 넘긴다는 물리적 징표를 보여 주었고 코모두스는 언급하지 않은 채 아우렐리우스만 자신의 후계자로 원로원에 추천했다. 그러나 161년에 황제가 된 아우렐리우스는 즉시 자신의 이복동생 코모두스를 공동의 통치자의 지위에 올려 주었다.

이렇게 해서 로마 역사상 두 명의 황제가 처음으로 동시에 등장하게 되었다. 이때부터 코모두스는 루키우스 베루스라는 이름으로 불렸는데, 그는 통치보다는 환락에 더 몰두했다. 그는 아우렐리우스를 존경했고, 169년에 죽을 때까지 제2인자의 역할에 만족했다.

안토니누스 피우스의 시대는 평화와 번영의 시대였다. 그러나 아우렐리우스의 시대는 온갖 재앙이 넘쳤다. 아무리 지혜롭고 확고한 의지의 인물이라 해도 황제의 힘만으로는 로마제국의 쇠퇴를 막을 수가 없었다. 그의 재위 초기에는 이탈리아에 대규모 홍수와 기근이 발생했고 아시아에서는 대규모 지진이 일어났으며, 게르만 부족들이 북부 국경을 침범하는가 하면, 영국에서는 로마군단들의 반란이 터지기도 했다.

그에게 더 심각한 문제는 아르메니아였다. 아드리아누스와 안토니누스는 아르메니아 왕국을 로마의 보호 아래 두었는데, 안토니누스가 죽자 파르티아인들이 친 로마적인 국왕을 몰아냈다. 시리아주가 곧 공격을 받았다.

같은 무렵에 고트족이 다른 게르만 부족들을 남쪽으로 내몰았고 그들의 일부는 다뉴브 강 오른쪽 연안에 몰려들었다. 아우렐리우스는 재위 기간의 대부분을 동방의 파르티아인들, 북부의 쿠아디 부족, 마르코마니 부족 등과 전쟁을 하는데 보냈다. 그의 생애의 마지막 10년은 거의 로마를 떠나서 보냈다.

『명상록』은 출판을 염두에 두지 않고 저술한 "자기 자신에게 말해 주는 생각들"이었는데 적어도 그 일부는 그가 게르만 부족들과 전쟁을 하는 기간 중에 저술된 것이다.

174년에 그는 격심한 폭풍우 덕분에 쿠아디 부족에 대해 결정적 승리를 거두었는데, 이 일 때문에 그가 비를 내리게 하는 기적을 일으켰다는 전설이 생겨나게 되었다. 다뉴브 강 일대에서 여러 차례 승리를 거두고 게르만 부족들과 우호조약을 체결한 다음, 175년에 그는 시리아를 평정하러 떠났다.

탁월한 장군인 아비디우스 카시우스가 반란을 일으키고 황제라고 자칭했기 때문이다. 그가 현장에 도착하기도 전에 카시우스는 부하에게 암살되어 아우렐리우스 황제는 "그를 용서해 주는 기쁨"을 박탈당하고 말았다. 그는 카시우스의 집안과 친구들을 너그럽게 용서해 주었고, 심지어 카시우스의 편지들을 읽어보지도 않은 채 불태워 버렸다고 한다.

동방을 평정하고 로마에 귀환할 때 그는 아내 파우스티나를 잃었다. 그의 아내는 소아시아의 어느 마을에서 죽었던 것이다. 파우스티나가 열한 명의 자녀를 낳았고 남편인 아우렐리우스가 그녀를 완전히 신임하였으며 그녀의 죽음을 애도했다고 알려져 있기는 해도, 그녀는 불륜과 방탕의 상징이 되었다.

로마로 돌아가던 도중 그는 아테네를 방문하여 철학과 수사학의 교육을 위한 기금을 하사했고, 엘레우시니아 밀교예식에 참여했다.

176년에 로마에 돌아간 그는 아들 코모두스와 함께 게르만 부족들에 대한 승리를 기념하는 개선식을 거행했다. 이때부터 그는 "게르마니쿠스 막시무스(가장 위대한 게르만인)"라는 칭호를 얻었다.

177년에 그리스도교도들에 대한 대규모 박해가 일어났다. 그는 그리스도교에 대해 호감이 좋지 않았다. 그의 태도는 트라야누스의 경우와 마찬가지로 그리스도교도들을 적극적으로 색출하여 처벌하는 것이 아니라 그들이 신들에게 제물 바치기를 거부하면 그것이 국가의 질서와 권위를 무시하는 행동이기 때문에 처벌한다는 식이었을 것이다.

게르만 부족들은 다시 국경을 침범했고 그는 다뉴브 강 지역으로 다시 떠나지 않으면 안 되었다. 그는 판노니아 지방을 평정하던 중 180년 3월 17일에 말라리아에 걸려 죽었다. 그때 나이 60세가 되기 직전이었다.

사후에 그는 신으로 승격되어 각계각층의 폭넓은 추앙을 받았고 그의 동상은 많은 로마인들의 가정에 오랫동안 모셔졌다. 유명한 그의 청동 기마상은 현재에도 로마의 캄피돌리오 광장에 남아 있다.

제 *1* 권

1

내가 나의 조부 베루스에게 배운 것은 예의 바른 성품과 분노의
억제였다.

> 베루스 : 원로원 의원 마르쿠스 안니우스 베루스(Marcus Annius
> Verus)를 가리킨다. 그는 열 살 때 아버지를 여의고 고아가 된 자
> 기 조카를 양자로 삼았다.

2

또한 나의 아버지의 명성으로부터, 그리고 아버지에 대한 나의 추억으로부터 내가 배운 것은 신중함과 남자다운 확고부동한 기질이었다.

> 👁 **아버지** : 저자의 친아버지 안니우스 베루스(Annius Verus)를 가리킨다. 그는 저자의 양아버지 안토니우스 피우스(Antonius Pius) 황제와 구별된다.

3

그리고 나의 어머니에게 배운 것은 경건한 신심, 자선을 베푸는 너그러운 마음가짐, 그리고 악행뿐만 아니라 사악한 생각마저도 철저히 배격하는 습관이었다. 게다가 부자들의 습관들에 대한 혐오와 소박하고 단순한 생활방식도 배웠다.

> 👁 **어머니** : 도미티아 루칠라(Domitia Licilla)를 가리킨다. 그녀는 로마의 귀족 가문의 출신으로 집정관의 딸이었다.

4

나의 증조부에게 배운 것은 공립학교에 다닐 것이 아니라 집에서 훌륭한 가정교사들에게 배우라는 것, 그리고 그렇게 하기 위해서는 비용을 아끼지 말고 충분히 들여야만 한다는 사실을 명심하라는 것이었다.

> ⚭ 증조부 : 카틸리우스 세베루스(Catilius Severus)를 가리킨다. 그는 저자의 어머니의 조부이므로 실제로는 저자의 외고조부가 된다.

5

나의 가정교사에게 배운 것은 전차경주를 하는 경기장에서 녹색 지지파에도 청색 지지파에도 가담해서는 안 되고, 검투사들의 검투 경기에서 파르물라리우스의 패거리에도 스쿠타리우스의 패거리에도 그 지지자로 가담해서는 안 된다는 것이었다.

그리고 또 그에게 배운 것은 힘든 일도 참고 견디어 내야만 하고, 자신의 욕구를 최소한으로 줄여야만 하며, 자기 일은 자기 손으로 직접 해야만 하고, 다른 사람들의 일에 끼어들지 말아야 하며, 남을 비방하는 말에 쉽게 귀를 기울여서는 안 된다는 것이었다.

> ⚭ 가정교사 : 에우포리오네(Euforione)로 추정된다.
> ⚭ 녹색과 청색 : 전차경주에서 경쟁하는 전형적 두 팀을 가리킨다.
> ⚭ 파르물라리우스(Parmularius) : 원형의 작은 방패를 들고 싸우는 검투사를 의미한다.
> ⚭ 스쿠타리우스(Scutarius) : 장방형의 큰 방패를 들고 싸우는 검투사를 의미한다.

6

그리고 디오니예투스에게 배운 것은 사소한 일들 때문에 공연히 분주하게 지내서는 안 되고, 주문 외우기, 악마들을 몰아내는 일, 기타 이와 유사한 종류의 일들에 관한 마술사들과 사기꾼들이 하는 말은 결코 믿어서도 안 되며, 전투를 위해 메추라기들을 길러서도 안 될 뿐만 아니라 그러한 일들에 열광적으로 탐닉해서도 안 된다는 것이었다.

또한 나에 관해 남이 자유롭게 말하는 것을 참아 주어야 하고, 철학을 깊이 공부해야 하고 그러려면 바키우스, 탄다시두스, 마르치아누스를 차례로 스승으로 모시고 강의를 들어야만 하며, 어려서부터 문학적 작문 연습을 해야만 한다는 것도 배웠다.

그리고 가죽을 깐 널빤지 침대와 기타 그리스식 단련을 위해 필요한 모든 것을 스스로 갈망해야만 한다는 것도 역시 배웠다.

> ✎ **디오니예투스(Diognetus)** : 화가이자 철학자인 그는 저자에게 회화 공부를 권했다.
> ✎ **마르치아누스(Marcianus)** : 법률가 메치아누스(L. Volusius Mecianus)를 가리킨다는 가설이 있다. 메치아누스는 이미 황제가 된 저자의 스승이었다.
> ✎ **바키우스(Bacchius), 탄다시두스(Tandasidus)** : 누구를 가리키는지 불확실하다.

7

루스티쿠스는 나의 성격이 개선되고 단련되어야만 한다는 점을 나에게 인식시켜 주었다.

또한 내가 그에게서 배운 것은 궤변의 경쟁, 허황된 문제들에 관해 글을 쓰는 일, 하찮은 훈계조의 연설, 자기 수양이 뛰어난 인물이나 자선을 많이 베푸는 인물로 남들에게 자기를 과시하는 일 등의 그릇된 길로 빠져서는 안 된다는 것이었다.

또한 그에게서 배운 것은 수사학과 시와 세련된 문체를 버려야 하고, 외출복 차림으로 집안에서 돌아다녀서는 안 되며, 그와 유사한 다른 행동들도 해서는 안 된다는 것이었다.

루스티쿠스가 시누에사에서 나의 어머니에게 쓴 편지처럼 나도 편지를 단순하게 써야만 한다는 것도 배웠다.

그리고 말이나 행동으로 나를 모욕한 사람들에 대해서는 그들이 화해할 용의를 보이면 즉시 내가 마음을 풀고 그들과 쉽게 화해할 마음의 자세를 갖추고 있어야만 한다는 것도 배웠다.

책은 주의 깊게 읽어야만 하고, 책의 내용에 관한 피상적인 이해로 만족해서는 안 되며, 지나치게 말을 많이 하는 사람들의 의견에 성급하게 동의해서도 안 된다는 것도 배웠다.

그뿐만 아니라 그는 자기가 모은 필사본들 가운데 에픽테토스의 책을 나에게 빌려 주어 나는 그의 덕분에 에픽테토스의 논문들을 알게 되었다.

8

아폴로니우스에게 내가 배운 것은 의지의 자유, 정도를 벗어나지 않은 채 목적을 줄기차게 추구하려는 결의, 그리고 단 한 순간도 이성 이외에는 그 어떠한 것에도 의지해서는 안 된다는 것이었다.

또한 지독한 고통 속에서도, 자녀를 잃었을 때도, 오랜 질병 속에서도 종전과 전혀 다름없는 태도를 항상 견지해야만 한다는 것도 배웠다.

그리고 내가 동일한 인물이 가장 단호하면서 동시에 가장 유순할수도 있고, 가르칠 때 인내심을 잃지 않을 수도 있다는 살아있는 예를 그에게서 분명히 보아야만 하고, 철학적 원리들의 자세한 설명에 관한 자신의 경험과 기술을 자신의 장점들 가운데 가장 하찮은 것으로 분명히 여기는 사람으로 그를 직시해야만 한다는 것도 배웠다.

그뿐만 아니라 내가 또 그에게 배운 것은 친구들의 호의라고 여겨지는 것을 내가, 그 영향력에 굴복하지도 않고 무시해서 배척하지도 않은 채, 그들에게서 받아들이는 방법이었다.

9

내가 섹스투스에게 배운 것은 자애로운 성품, 아버지의 권위에 따라 영위되는 가족의 모범, 자연에 부합하게 산다는 사고방식, 허세나 가식이 없는 위엄, 친구들의 이익을 열심히 보살펴 주는 일, 무식한 사람들과 무분별하고 근거 없는 편견을 품는 사람들을 관대하게 대하는 일 등이었다.

말하자면 그는 모든 사람에게 언제든지 적응하는 능력을 지니고 있어서 그와 나누는 대화는 어떠한 아첨보다도 더 유쾌한 것이었고, 동시에 그는 자기와 어울리는 사람들로부터 가장 극진한 존경을 받았다.

또한 그는 인생의 근본 원리들을 정확하고 체계적으로 발견함과 동시에 조정하는 능력을 구비하고 있었다.

그리고 그는 분노나 다른 어떠한 울화도 표시한 적이 없고, 격분의 지배에서 완전히 벗어나 있었으며, 그러면서도 가장 자애로웠다.

게다가 그는 떠들썩하게 티를 내지 않은 채 칭찬할 수 있었고, 전혀 과시하지도 않은 채 풍부한 지식을 소유하고 있었다.

❧ 섹스투스(Sextus) : 보이오티아의 케로네아(Cheronea) 출신의 스토아학파 철학자이며 플루타르코스의 조카이다.

10

문법학자 알렉산데르에게 배운 것은 남의 말에서 잘못을 캐어내 비난하는 일을 자제해야만 한다는 것이다.

즉 야만적이거나 문법 위반에 해당하거나 괴상한 발음의 말을 하는 사람들을 모욕적인 방식으로 질책할 것이 아니라, 그들이 마땅히 사용했어야 할 바로 그 표현을 능숙하게 소개해야 하며, 그것도 대답이나 확인을 해주는 방식으로, 또는 단어 자체가 아니라 표현의 대상에 관한 탐구에 참여하는 식으로, 또는 다른 어떤 적절한 암시의 방식으로 해야만 한다는 것이었다.

❧ 알렉산데르(Alexander) : 호메로스 연구로 저명한 고대의 언어학자로서 저자에게 그리스어를 가르쳤다.

11

또한 프론토에게 내가 배운 것은 폭군이 어느 정도의 시기심, 표리부동, 위선을 품고 있는지에 관해, 그리고 우리들 가운데 귀족이라고 불리는 사람들에게 일반적으로 오히려 부성애가 결핍되어 있다는 사실에 관해 관찰해야만 한다는 것이었다.

> 🌀 프론토 : 코르넬리우스 프론토(M. Cornelius Fronto)를 가리킨다. 그는 당대에 가장 저명한 수사학자이자 저자의 친구였다.
> 🌀 귀족(patricius) : 원래는 고귀한 아버지를 둔 자라는 뜻이다.

12

플라톤학파에 속하는 알렉산데르에게 배운 것은 "나는 여가가 없다."는 말을 다른 누구에게든 자주 또는 불필요하게 해서는 안 되며, 편지에 그렇게 적어 보내서도 안 된다는 것이었다.

또한 우리가 함께 사는 사람들과의 관계에서 요구되는 의무들을 소홀히 한 데 대해, 급한 볼일들이 있어서 그랬다고 항상 변명해서는 안 된다는 것도 배웠다.

> 🌀 알렉산데르 : 저자의 그리스어 비서인 셀레우키아의 알렉산데르라고 추정된다.

13

카툴루스에게 배운 것은 친구가 비난할 때, 심지어 그가 아무런 이유도 없이 비난할 때마저도 그의 비난을 무시해서는 안 되고, 오히려 그와 과거의 정상적인 관계를 회복하도록 노력해야 하며, 도미티우스와 아테노도투스에 관해 전해 지는 것과 마찬가지로 자기 스승들을 언제나 칭송해야만 하고, 자기 자녀들을 진심으로 사랑해야 한다는 것이었다.

> ஃ **카툴루스** : 스토아학파 철학자 친나 카툴루스(Cinna Catulus)를 가리킨다.
> ஃ **아테노도투스(Athenodotus)** : 코르넬리우스 프론토의 스승을 가리킨다.
> ஃ **도미티우스** : 아테노도투스의 스승인 도미티우스 아프로(Domitius Afro)를 가리키는 것으로 추정된다.

14

나의 형제 세베루스에게 배운 것은 나의 혈족을 사랑하고 진리를 사랑하고 정의를 사랑해야 한다는 것이었다.

그리고 그를 통하여 나는 트라세아, 헬비디우스, 카토, 디온, 브루투스를 알게 되었다.

그는 모든 사람을 위해 동일한 법이 적용되는 공화국, 즉 동등한 권리들과 동등한 언론의 자유로 다스려지는 공화국의 개념, 그리고 통치를 받는 사람들의 모든 자유를 가장 극진하게 존중하는 왕정체제의 개념을 나에게 제공해 주었다.

또한 철학에 관한 나의 존경이 항구적이고 언제나 확고해야만 한다는 것도 그에게 배웠고, 선행을 하고, 남들에게 기꺼이 주며, 낙관적인 희망을 품고, 내가 친구들에게 사랑을 받고 있다고 믿는 기질도 배웠다.

내가 관찰한 바에 따르면, 그는 자기가 단죄하는 자들에 관한 자신의 의견을 전혀 감추지 않았고, 그의 친구들은 그가 원하는 것이나 원하지 않는 것이 매우 명백했기 때문에 그런 것을 추측할 필요가 없었다.

> ⬮ 세베루스 : 소요학파 철학자 클라우디우스 세베루스(Claudius Severus)를 가리킨다.
>
> ⬮ 트라세아, 헬비디우스, 카토, 디온, 브루투스 : 폭군을 반대하는 대표적 인물들이다. 트라세아(P. Clodius Thrasea Petus)는 네로에게, 헬비디우스(Helvidius Priscus)는 베스파시아누스에게 각각 처형되었고, 스토아학파 카토(Marcus Porcius Cato)는 카이사르를 반대하여 피살되었다. 시라쿠사의 디온은 플라톤의 친구인데 폭군 디오니시우스를 극도로 증오했다. 브루투스(Marcus Junius Brutus)는 카이사르 암살에 참가하였고 필리피에서 자결했다.

15

막시무스에게 배운 것은 내가 나 자신을 통제해야 하고 그 어떠한 것에도 이끌려 그릇된 길로 들어서서는 안 된다는 것이었다. 모든 경우에, 심지어는 병든 경우에도 쾌활해야 하고, 도덕적 성품에 있어서 온화함과 위엄을 적절히 조화시켜야만 하며, 자기 앞에 놓인 일은 불평 없이 해야만 한다는 것도 배웠다.

내가 관찰한 바에 따르면, 그는 생각하는 것을 있는 그대로 말하고 자신의 모든 행동에 있어서 악의가 전혀 없는 사람이라고 모든 사람이 믿었다.

또한 그는 신기하게 여기거나 놀라는 일이 전혀 없었고, 서두르는 경우도 없었으며, 일도 결코 미루지 않았고, 당황하거나 낙담한 적도 없었으며, 자신의 분한 마음을 위장하기 위해 폭소한 적도 전혀 없을 뿐만 아니라, 다른 한편으로 격분하거나 의심하는 경우도 결코 없었다.

그는 자선을 베푸는 습관이 있었고, 항상 용서해 줄 자세를 갖추고 있었으며, 모든 허위에서 벗어났다. 또한 억지로 교정된 사람의 모습보다는 올바른 길에서 벗어나기가 불가능한 사람의 모습을 보여 주었다.

또한 내가 관찰한 바에 따르면, 아무도 자기가 막시무스에게 경멸을 받는다고 생각할 수 없었고, 자기가 그보다 낫다는 생각은 감히 할 수도 없었다. 그는 또한 남들의 마음에 들도록 유쾌하게 유머를 구사하는 재주도 있었다.

16

내가 나의 아버지를 관찰한 바에 따르면, 그는 성품이 온화하지만 심사숙고한 끝에 결정한 일에 관해서는 변함없이 확고한 결의를 견지했다. 그리고 사람들이 영예라고 부르는 것들에 대한 허영이 전혀 없었다.

그는 일하기를 좋아했을 뿐만 아니라 끝까지 버텨서 유종의 미를 거두기를 좋아했으며, 공공의 복리를 위해 제안할 것이 있는 사람들의 말에는 언제나 기꺼이 귀를 기울였다.

또한 누구에게나 그의 공적에 따라 포상하는데 있어서 흔들리지 않는 확고한 태도를 견지했고, 준엄한 조치가 필요한 때와 관대한 조치가 필요한 때에 관해서는 경험에서 얻은 지식이 풍부했다.

그리고 내가 또 관찰한 바에 따르면, 그는 소년들에게 끌리는 모든 욕정을 극복했고, 자기 자신을 다른 시민들보다 더 나은 존재라고 여기지도 않았다.

또한 자기와 식사를 같이 하거나 자기가 여행할 때 반드시 수행해야만 하는 모든 의무를 자기 친구들에게 면제해 주었다. 그리고 어떠한 종류의 급한 일이든 그러한 일 때문에 그를 수행하지 못한 사람들은 자기를 대하는 그의 태도가 종전과 전혀 다를 바가 없다는 사실을 깨달았다.

또한 내가 그를 관찰한 바에 따르면, 그는 검토할 필요가 있는 모든 문제에 관해 열심히 조사하고 그것도 끈질기게 조사하는 습관이 있었고, 처음 받은 인상에 만족하여 조사를 그만 두는 일은 결코 없었다.

그리고 그의 기질은 친구들과 관계를 계속해서 유지하는 것이어서 친구들에 대해 빨리 싫증내지도 않을 뿐만 아니라 그들에게 지나친 호의를 표시하는 일도 없었다.

그는 어느 경우에나 스스로 만족했고 항상 쾌활했다.

모든 것을 긴 안목에서 예견했고 가장 사소한 일들에 대해서도 과시하는 일이 없이 항상 잘 대처했다.

그는 군중의 환호와 갈채, 그리고 모든 종류의 아첨을 싫어해서 즉시 저지했다.

또한 제국의 통치에 필요한 모든 것에 대해 항상 주의 깊게 감시하고, 공금을 잘 관리하였으며, 이러한 문제에 관해 자기에게 쏟아지는 비난을 인내심을 가지고 잘 참아 견디었다.

그는 신들에 관해 미신적 태도를 취하지 않았고, 선물로 사람들을 매수하거나 그들의 환심을 사려고 한 적도 없으며, 백성이나 군중에게 아첨하는 일도 전혀 없었다. 오히려 그는 모든 일에 있어서

냉철하고 확고부동한 태도를 보였고, 비열한 생각이나 행동 또는 새로운 것들에 대한 애착을 보인 적은 전혀 없었다.

또한 어느 방식으로든 생활의 안락과 편리를 가져다주는 것들이 풍부하게 공급되는 처지에 놓여 있으면서도 그는 오만하게 과시하거나 제멋대로 낭비하는 일이 없이 그것들은 잘 사용했다. 그래서 그런 것들이 자기에게 있는 경우에는 허세를 부리지 않은 채 즐겼지만, 없는 경우에는 그런 것들을 원하지도 않았다.

아무도 그를 궤변가나 세상물정 모르는 경솔한 노예 또는 현학자라고 말할 수 없었다. 오히려 모든 사람들은 그가 원숙하고 완전하며 아첨을 초월하고 자신과 다른 사람들의 일을 처리할 수 있는 그런 인물이라고 인정했다.

이외에도 그는 진정한 철학자들은 존중했지만, 스스로 철학자인 척하는 자들에 대해서는 그들을 비난하지도 않았고 그들에게 쉽게 끌려 다니는 일도 전혀 없었다. 또한 그는 대화할 때 무례하거나 오만한 태도를 버리고 친절과 예의로 상대방을 대했다.

아울러 자신의 육체적 건강에 관해 적절한 주의를 기울이기는 했지만, 그것은 삶에 대해 극도의 애착을 지닌 사람처럼 한 것도 아니고, 자신의 외모를 더 좋게 만들려고 한 것도 아니다. 그렇다고 해서 무성의하게 건강을 돌본 것은 아니다. 다만 그의 목적은 의사의 의술, 의약품, 기타 연고 등에 의존하는 일을 최소한으로 줄이는 데 있었다.

그는 웅변술, 법률이나 윤리, 기타 어느 분야에서든 특수한 재능을 지닌 사람들을 시기하지 않은 채 그들에게 언제나 기꺼이 길을 양보했고, 각자 자기 실적에 따라 명성을 누리도록 지원해주었다.

그는 국가의 모든 관습과 관례에 따라서 항상 행동했지만, 자신이 관습과 전통을 존중한다는 사실을 일부러 과시한 적은 결코 없었다. 나아가서 그는 변화도 불안정도 좋아하지 않았고, 다만 똑같은 장소들에서 똑같은 일들을 하기를 좋아했다. 갑자기 격심한 두통이 일어나도 그는 즉시 정상적 상태를 회복하고 원기 왕성하게 평상시의 업무를 다시 보았다.

그의 비밀은 많지 않고 매우 적고 희귀했으며, 그러한 비밀들도 오로지 공무에 관한 것뿐이었다.

그는 대중적 오락행사의 지원, 공공건물 신축, 자선기부, 기타 이와 유사한 일들에 대해 신중하고 검소한 태도를 취했다. 왜냐하면 그는 자신의 행동으로 명성이나 인기를 얻으려 하는 사람이 아니라 자신이 해야만 할 일을 하는 사람이었기 때문이다.

그는 지정된 시간 이외에는 목욕을 하지 않았고, 건물을 짓는 일을 좋아하지 않았으며, 자기가 먹는 음식, 자기 옷의 옷감과 색깔, 자기 노예들의 미모 등에 대해서도 관심이 없었다. 그의 옷은 로리움의 시골 해변의 별장에서 왔고 생활용품의 대부분은 라누비움에서 온 것이었다.

우리는 투스쿨룸에서 그에게 용서를 청했던 통행세 징수 관리를 그가 어떻게 대했는지 아는데, 그의 태도는 언제나 그러한 것이었다.

그의 성격에는 가혹한 면도, 무자비하거나 난폭한 면도, 그리고 통속적으로 말하듯이 진땀이 나게 만드는 면도 없었다. 그러나 마치 시간은 얼마든지 있다는 듯이 그는 모든 것을 개별적으로, 혼동하는 일이 없이, 차례대로, 그리고 철저하게 지속적으로 검토했다.

또한 소크라테스에 관해서 기록된 것을 그에게도 적용할 수가 있다. 즉 많은 사람들이 의지가 너무 약해서 금욕할 수 없는가 하면 지나침 없이는 즐길 수 없는 것들을 그는 금욕할 수도 있고 또한 즐길 수도 있었다.

그러나 금욕도 철저히 할 수 있고 즐길 때도 절도를 지킬 수 있을 만큼 의지가 강하다는 것은, 막시무스가 자신의 중병 중에 보여 준 경우처럼, 완전하고 절대로 굴복할 수 없는 영혼의 소유자의 특징이다.

> 𝕰 아버지 : 안토니누스 피우스 황제를 가리킨다.
> 𝕰 라누비움(Lanuvium) : 안토니누스 피우스는 라누비움 출신으로 로마 근처의 로리움(Lorium)에서 교육을 받았다. 그는 로리움에 자신의 별장을 지었다.

17

훌륭한 조부들, 훌륭한 부모, 좋은 누이, 훌륭한 스승들, 좋은 동료들, 좋은 친척들과 친구들, 그리고 거의 모든 좋은 것들이 나에게 주어진 것은 신들의 덕분이다.

더욱이 그들 가운데 그 누구에 대해서도 내가 비위를 거슬러 화나게 만든 적이 없었던 것도 신들의 덕분이다. 물론 나의 기질로 보아서는 그들의 비위를 거스를 기회가 주어졌다면 아마도 그렇게 했을 터이지만, 신들의 가호 덕분에 나에게는 그러한 시험을 받을 여건이나 기회가 전혀 주어지지 않았던 것이다.

게다가 내가 신들에게 감사해야 할 일들이 많이 있는데, 그 가운데 몇 가지만 들면 아래와 같다.

나는 조부의 첩의 슬하에서 너무 오랫동안 머물러 있지는 않았다. 나는 젊은 날의 꽃인 순결을 보존했고, 적절한 때가 오기 전에 그것을 버리고 어른이 되지는 않았으며 오히려 그 시기를 늦추었다.

나는 군주인 아버지 밑에서 자랐다. 그는 나의 모든 자만심을 제거해 주었고, 호위병, 수놓은 옷, 횃불, 석상, 기타 이와 유사한 전시물 따위가 없어도 왕궁에서 살아갈 수가 있다는 것을 나에게 깨우쳐 주었다. 또한 그러한 사람이야말로 평민과 거의 똑같이 살아갈 수 있으며, 그렇다고 해서 그가 군주다운 태도로 공익을 위해 처리되어야만 하는 일들에 관해 생각이 더 비열해지거나 행동을 더 태만하게 하지는 않는다는 것도 역시 깨우쳐 주었다.

나에게 주어진 동생은 자신의 고상한 인품을 통해 내가 나 자신을 항상 경계하도록 각성시켜 주었고, 동시에 존경과 사랑으로 나를 기쁘게 해주었다.

나의 자녀들은 우둔하지도 않고 육체적으로 불구도 아니다.

나는 수사학, 시, 기타 분야들에 관해 그다지 많은 진전을 보지 못했다. 만일 내가 괄목할 만한 진전을 보았다면 아마도 이 모든 분야에 관해 철저하게 몰두해서 연구를 했을지도 모른다.

나는 나를 가르쳐 준 사람들을 그들이 원하는 것처럼 보이는 명예로운 자리에 서둘러서 앉혔다. 당시 그들은 아직 젊었기 때문에 내가 그들을 나중에 승진시킬 수도 있었지만, 그 일을 나는 뒤로 미루지 않았다.

나는 아폴로니우스, 루스티쿠스, 막시무스를 알게 되었다.

나는 자연에 따라 사는 삶에 관해서, 그리고 그것이 어떤 종류의 삶인지에 관해서 자주 명백하게 고찰할 수 있었다. 그래서 비록 내가 나 자신의 잘못 때문에, 신들의 권고들을, 사실은 직접적인 지시들을 따르지 않기 때문에 그러한 삶을 아직 완전하게 살고 있지는 못한다 해도, 신들에게 의지하고 그들의 선물과 도움과 영감에 의지하는 한, 내가 자연에 따라 사는 것을 막을 수 있는 것은 앞으로 아무것도 없을 것이다.

나는 베네딕타에게도 테오도투스에게도 전혀 손을 대지 않았고, 그 후 한때 그들에 대한 사랑의 격정에 빠지기는 했지만 그 감정에서 빠져나올 수 있었다.

또한 나는 루스티쿠스 때문에 자주 감정이 상했지만, 나중에 후회할 만한 일은 그에게 전혀 하지 않았다.

나의 어머니는 젊었을 때 죽는 것이 자신의 운명이었다 해도 마지막 몇 해 동안은 나와 함께 지냈다.

내가 어떤 사람을 그가 빈곤한 처지에 있을 때나 다른 기회에 돕고 싶을 경우마다 그를 도울 돈이 내게 결핍된 적은 한번도 없었다. 한편 나 자신은 남의 도움을 받을 필요가 있는 그러한 곤궁한 처지에 처한 적이 전혀 없다.

나는 나에게 매우 순종적이고 나를 극진히 사랑하며 매우 소박한 아내와 함께 살고 있다. 나는 나의 자녀들을 위해 훌륭한 가정교사들을 많이 두고 있다.

질병의 치료법들, 특히 각혈과 현기증의 치료법이 꿈과 다른 방법을 통해서 나에게 제시되었다. 가에타에게 신탁의 응답이 있었다.

나는 철학을 좋아하게 되었을 때 어느 궤변학파 철학자의 손아귀에도 들어가지 않았고, 역사가들의 글을 읽거나 삼단논법의 문제들을 푸는 데 시간을 낭비하지 않았으며, 하늘에 나타나는 현상들을 조사하는 일에 몰두하지도 않았다.

이상 열거한 모든 일에 대해서 나는 신들에게 감사한다. 왜냐하면 이 모든 일들은 신들과 행운의 도움이 필요한 것이기 때문이다.

扙 **누이** : 저자의 유일한 여동생 파우스티나(Annia Cornificia Faustina)를 가리킨다.

扙 **동생** : 안토니누스 피우스의 양자 베루스(L. Aurelius Verus)를 가리킨다.

扙 **베네딕타**(Benedicta), **테오도투스**(Theodotus) : 이 여자와 이 남자는 누구를 가리키는지 불확실하다.

扙 **아내** : 안토니우스 피우스 황제의 딸 파우스티나(Annia Galeria Faustina)를 가리킨다. 그녀는 11명 이상의 자녀를 낳았다고 한다.

아우렐리우스 황제

31

제 2권

이것은 그라누아 강 부근의
쿠아디 부족의 마을에서 기록한 것이다.

1

아침에 하루를 시작할 때 너 자신에게 이렇게 말하라.

"오늘도 나는 남의 일에 참견하기를 좋아하는 자들, 배은망덕 하는 자들, 오만한 자들, 속이는 자들, 질투하는 자들, 남과 어울리지 않는 자기중심주의자들을 만나게 될 것이다."

그들은 모두 무엇이 선이고 무엇이 악인지 모르기 때문에 그러한 부류의 인간이 된다.

그러나 나는 선의 본질이 올바른 것이고 악의 본질이 그릇된 것이며, 잘못을 저지르는 자의 본성도 나의 본성과 같은 종류에 속하는데 것임을 알고 있다. 그의 본성이 나의 본성과 같은 종류에 속하는 이유는 그와 내가 혈통이나 부모가 같기 때문이 아니라 동일한 이성, 즉 신성의 일부에 참여하고 있기 때문이다.

따라서 나는, 아무도 나에게 그릇된 행동을 강요할 수 없으니까, 그들 가운데 그 누구에게서도 피해를 입을 수 없으며, 나의 본성과 같은 종류의 본성을 가진 자에 대해 분노하거나 그를 미워할 수 없다.

사실 우리는 두 다리처럼, 두 손처럼, 위아래의 눈까풀처럼, 위아래의 치열처럼 상호협력을 위해 태어났기 때문이다. 그러므로 서로 적대하는 행동은 본성을 거스르는 것이며, 화를 내는 일과 미워하는 일은 서로 적대하는 행동인 것이다.

> 그라누아(Granua) : 부다페스트 근처의 다뉴브 강 지류로서 현재의 그란(Gran) 강을 가리킨다.
> 쿠아디(Quadi) : 다뉴브 강 너머의 게르만족의 한 부족이다. 저자는 174년에 이 부족을 결정적으로 격파했다.

2

내가 어떤 종류의 사람이든지간에 나 자신은 약간의 살, 숨결, 그리고 지배원리에 불과하다.

육체를 경멸하라. 육체란 더러운 피, 뼈 무더기, 그리고 신경과 정맥과 동맥으로 구성된 조직체일 뿐이다.

두 번째 요소인 숨결이 무엇인지 생각해 보라. 그것은 공기인데, 그것도 항상 동일한 것이 아니라 끊임없이 들이쉬고 내쉬는 것이다.

세 번째 요소인 지배원리에 대해서는 이렇게 생각하라. 책들은 내버려 두고 더 이상 독서에 몰두하지 마라. 그렇게 하는 것은 너에게 허용되지 않는다. 그러나 너 자신의 죽음이 얼마 남지 않았다고 생각하라. 즉 너는 이미 늙었다.

더 이상 자기중심주의의 노예가 되지 마라. 더 이상 줄에 매여 있는 꼭두각시처럼 자기중심주의에 따라 행동하지도 마라. 더 이상 너의 현재 상태에 불만을 품지도 말고 장래의 상태를 염려하여 기죽지도 마라.

> ☙ **지배원리** : 인식과 동작의 기능을 가진 정신의 핵심요소인 이성적 의지를 가리킨다.

3

신들로부터 오는 모든 것, 즉 신들의 모든 일은 섭리로 가득 차 있다. 우연한 일들도 자연 질서와 동떨어진 것이 아니라 섭리가 지배하는 모든 것들과 서로 얽히고 상호연관이 되어 있다. 모든 것은 섭리에서 흘러나온다.

게다가 모든 것은 필연을 통해서 이루어지고 우주 전체를 위해 유익한 것인데, 너 자신은 이 우주의 일부다. 그러나 우주 전체의 자연이 만들어 내고 또한 이 자연을 유지하는데 공헌하는 것은 자연의 모든 개별 부분들에게 유익하다. 그런데 우주는 요소들의 변화에 의해서 유지될 뿐만 아니라 요소들의 혼합물들의 변화에 의해서도 유지된다.

이 원리들은 너에게 충분한 것이니 이것들에 대해 언제나 확신을 가져라. 그러므로 네가 불만을 토해 내면서 죽는 것이 아니라 참으로 평온하게, 신들에게 진심으로 감사하면서 죽기 위해서는 책들에 대한 너의 갈망을 버려라.

4

이 모든 것을 네가 얼마나 오랫동안 미루어 왔는지 기억하라. 또한 신들로부터 네가 얼마나 자주 기회를 부여받았는지도, 그리고 네가 아직도 그 기회를 이용하고 있지 않다는 사실도 기억하라.

네가 어떠한 우주의 일부분인지, 우주를 다스리는 어떠한 존재로부터 네가 흘러나온 것인지, 그리고 너에게 허용된 시간은 한정되어 있는데, 네가 네 마음을 휩싸고 있는 구름을 걷어 버리는 데 그것을 사용하지 않는다면, 시간도 사라지고 너도 사라지며 시간은 다시 돌아오지 않을 것이라는 사실을 이제 네가 드디어 깨달을 때가 되었다.

5

네가 지금 하고 있는 일을, 완전히 평온한 마음, 가식 없는 위엄, 사랑의 감정, 자유, 그리고 정의로, 진정한 로마인과 진정한 인간으로서 확고한 태도를 취하면서 완성하겠다는 생각만 매순간 하고, 그 이외의 다른 생각은 모두 버려라.

그리고 만일 이성의 명령에 대한 부주의와 감정적 거부, 모든 위선, 이기주의, 그리고 운명이 네게 부여한 모든 것에 대한 불만을 버린 채, 너의 모든 행동을 그것이 마치 네 일생에서 마지막 행동인 것처럼 한다면, 너는 스스로 마음의 평온을 얻을 것이다.

평온하게 흘러가는 삶, 신들의 존재처럼 경건한 삶을 누릴 수 있기 위해서 네가 반드시 가져야만 할 것들이 얼마나 적은지 너는 안다. 왜냐하면 위에 말한 원칙들을 준수하는 사람에게는 신들로서도 그 이상 아무것도 요구하지 않을 것이기 때문이다.

6

내 영혼아, 너 자신을 부당하게 대우할 테면 해보라! 원한다면 그렇게 해보라! 그러나 너는 너 자신을 존중할 기회를 더 이상 얻지 못할 것이다.

인생은 우리 누구에게나 단 한번밖에는 주어지지 않는다. 그러나 비록 네 영혼이 자기 자신을 존중하지 않고 너의 행복을 다른 사람들의 영혼들 안에서 찾기를 기대한다 해도, 너의 인생은 이제 거의 끝나가고 있다.

7

외부에서 네게 닥치는 현상들이 너를 심란하게 만드는가?

공연히 더듬으며 여기저기 돌아다니지 말고 시간을 들여서라도 새롭고 유익한 어떤 것을 배워라.

그러나 다른 방향으로 치닫는 일도 피하지 않으면 안 된다. 왜냐하면 자신의 모든 동작과 모든 생각이 지향할 목표도 없으면서 자신의 활동으로 삶에 지치는 사람들도 역시 경솔하고 어리석기 때문이다.

8

어느 누구든 다른 사람의 속마음의 움직임을 알아내지 못했다고 해서 불행한 사람으로 보이는 경우란 결코 없다.

그러나 자기 마음의 움직임을 파악하지 못하는 사람은 필연적으로 불행해지지 않을 수 없다.

9

네가 항상 명심하지 않으면 안 되는 것은, 우주 전체의 본성은 무엇인가, 나의 본성은 무엇인가, 이 두 가지는 서로 어떠한 관계에 있는가, 나의 본성은 어떠한 종류의 전체의 어떠한 종류의 일부분인가 하는 문제들, 그리고 너를 자신의 일부분으로 삼는 그 자연에 합치되는 것들을 네가 항상 말하고 실천하는 일은 아무도 막지 못한다는 사실이다.

10

어느 누구든 인류의 보편적 개념들에 따라 비교하듯이 테오프라스투스는 진정한 철학자답게 그릇된 행동들, 즉 잘못들을 비교하였는데, 욕망 때문에 저질러진 잘못은 분노 때문에 저질러진 잘못보다 더 심한 질책을 받아야만 한다고 말했다.

그 이유는 분노에 사로잡힌 사람은 어떤 고통과 무의식적인 가책을 느끼면서 이성에서 멀어진 것처럼 보이는 반면, 쾌락에 압도된 채 욕망 때문에 잘못을 저지르는 사람은 자기 잘못에 대해 한층 더 무절제하고 허약한 것처럼 보이기 때문이다.

그는 또한 쾌락을 느끼면서 저지르는 잘못은 고통을 느끼면서 저지르는 잘못보다 더 심한 질책을 받아야만 한다고 말했는데, 이것은 옳은 말이고 또 진정한 철학자다운 말이다.

한마디로, 후자는 먼저 피해를 입었고 그래서 고통 때문에 화를 낼 수밖에 없는 사람과 유사한 반면에, 전자는 욕망에 따라 어떤 것을 하려는 상태에 이르렀고, 그래서 그릇된 행동을 하려는 자기 자신의 충동에 이끌려 행동했던 것이다.

> &9 테오프라스투스(Theophrastus, 370-288/5경 B.C.) : 아리스토텔레스의 제자이자 그의 후계자이다.

11

너는 바로 이 순간에도 이승을 떠날 수 있을 것처럼 그렇게 항상 너의 모든 생각과 말과 행동을 하라.

그러나 신들이 존재한다면 그들이 너를 불운한 상태에 몰아넣지는 않을 것이기 때문에, 네가 사람들 사이에서 떠나간다는 것은 두려워할 일이 아니다.

반면에 만일 신들이 존재하지 않거나 사람들의 일에 관여하지 않는다면, 신들이 없는 우주 또는 섭리가 없는 우주에서 산다는 것이 나에게 무슨 의미가 있겠는가?

그러나 사실 신들은 존재하고 사람들의 일을 보살피며, 사람이 참으로 사악한 것들 속에 굴러 떨어지지 않을 수 있는 모든 수단을 사람의 권한에 맡겼다. 그런데도 또 다른 사악한 것들이 남아 있다면 신들은 그것도 피할 수 있는 수단을 사람의 권한에 맡겼을 것이다.

그런데 사람 자체를 더 나쁘게 만들지 못하는 것이 사람의 삶을 어떻게 더 악화시킬 수 있단 말인가?

우주의 본성이 무지 때문에, 또는 알지만 예방하거나 수정할 능력이 없기 때문에 이러한 것들을 간과한다는 것은 있을 수 없으며, 또한 능력이나 기술의 결핍 때문에 유익한 것과 해로운 것이 선한 사람들에게나 악인들에게나 무차별적으로 닥치게 하는 어마어마한 실수를 저질렀다는 것도 있을 수 없다.

그러나 죽음과 삶, 명예와 불명예, 고통과 쾌락, 부유함과 가난 등은 모두 우리를 더 좋게도, 더 나쁘게도 만들지 않는 것이기 때문에 선한 사람들에게도 악인들에게도 똑같이 닥친다. 그러므로 이것들은 유익한 것도 해로운 것도 아니다.

12

모든 것은 얼마나 빨리 사라지는가? 물체들은 우주 속에서, 그것들에 대한 기억은 시간 속에서 얼마나 빨리 사라지는가?

감각으로 알 수 있는 모든 것, 특히 쾌락의 미끼로 유혹하거나 고통으로 공포에 질리게 만드는 것들, 또는 물거품 같은 명성으로 세상을 널리 떠들썩하게 만드는 것들, 이 모든 것의 본성은 무엇인가?

또한 이러한 것들은 모두 얼마나 무가치하고 비천하고 더럽고 썩어 없어지기 쉬운 것인가? 이 모든 것은 또한 생명도 없는 죽은 것이 아닌가?

이러한 모든 문제들은 우리의 이성이 고찰하지 않으면 안 되는 것들이다.

또한 자신의 의견과 말로 명성을 얻는 그들은 누구인지, 죽는다는 것은 무엇인지에 대해서도 고찰해야 한다. 그리고 만일 사람이 죽음 그 자체를 직시한다면, 제기되는 모든 환상을 이성의 추상적 분석을 통해서 없애 버린다면, 그는 죽음을 자연의 작용에 불과한 것으로 여기게 될 것이라는 사실도 고찰해야 한다.

자연의 작용을 두려워하는 사람이 있다면 그는 어린애다. 그런데 죽음은 단순히 자연의 작용일 뿐만 아니라 자연의 목적들에 공헌하는 것이기도 하다.

그리고 사람은 어떻게 신에게 가까이 다가가는지, 사람의 어느 부분에 의해서 그렇게 되는지, 사람의 그 부분은 언제 그러한 상태에 이르는지에 대해서도 고찰해야만 한다.

13

    오로지 자기 자신 안에 자리 잡고 있는 수호신 다이몬을 섬기고 성심성의껏 공경하는 것만으로 충분하다는 것을 깨닫지 못한 채, 모든 사물을 피상적으로 살펴보고, 어느 시인의 말처럼, 지하의 사물들을 탐색하는가 하면, 자기 이웃들의 마음속에서 일어나는 일들을 들여다보려고 애쓰는 사람보다 더 불행한 사람은 없다.

    수호신 다이몬의 공경은 모든 격정, 무분별과 부주의, 신들과 사람들로부터 오는 모든 것에 대한 불만으로부터 그것을 순수하게 보존하는 것이다.

    왜냐하면 신들로부터 오는 것들은 그 탁월성 때문에 우리가 공경해야 마땅한 반면, 사람들로부터 오는 것들은 우리를 동류의 존재로 연결해 주는 것이라서 우리에게 소중한 것이 되어야만 하고, 사람들이 무엇이 선인지 무엇이 악인지 몰라서 때로는 우리의 동정심을 유발하기도 하기 때문이다.

    물론 선악에 대한 사람들의 무지는 흰 것과 검은 것을 구별하는 능력의 결핍보다 더 가벼운 결함은 아니다.

> ✍ 다이몬(daemon) : 사람 안에 자리 잡고 있는 신성한 요소를 가리킨다. 저자는 이것을 때로는 인간적 이성, 때로는 인간을 지도하고 보호하는 신성한 지성의 일부와 동일시한다.

14

네가 삼천 년을 산다고 해도, 또한 수만 년을 산다고 해도, 아무도 자기가 현재 살아가고 있는 인생 이외의 다른 인생을 잃지 않고, 자기가 현재 잃어버리고 있는 인생 이외의 다른 인생을 살지 않는다는 사실을 너는 여전히 기억하라.

가장 긴 인생도 가장 짧은 인생도 결국은 이처럼 똑같은 결말에 이른다. 왜냐하면 현재는 모든 사람에게 동일하고, 따라서 끊임없이 소멸하는 것도 동일하며, 소멸되는 것은 한순간에 불과하기 때문이다.

사실 사람은 누구나 과거나 미래를 잃을 수가 없다. 그가 가지고 있지 않은 것을 다른 어느 누가 뺏어갈 수 있겠는가?

그러므로 다음 두 가지를 너는 반드시 명심해야만 한다.

첫째, 모든 사물은 영원한 과거의 태초부터 항상 동일한 형태의 것, 즉 동일한 것이고, 또한 동일한 원을 항상 순환하고 있으며, 따라서 동일한 것들을 백 년 동안 바라보든 이백 년 동안, 아니, 영원히 바라보든 그것은 아무 차이도 없다.

둘째, 가장 오래 사는 사람과 가장 일찍 죽는 사람은 죽을 때 동일한 것을 잃는다. 왜냐하면, 사람에게 주어진 것이 오로지 현재뿐이고 사람은 자기가 가지고 있지 않은 것은 잃어버릴 수 없다는 명제가 옳다면, 사람이 뺏길 수 있는 것은 오로지 현재뿐이기 때문이다.

15

"모든 것은 의견이다."라는 말을 기억하라. 견유학파 철학자 모니무스가 했다고 하는 이 말의 의미는 명백하다.

또한 어느 누구라도 이 말이 진실에 합치되는 범위 내에서 가장 좋은 결과를 얻어 낼 줄만 안다면, 이 말의 유용성도 명백한 것이다.

> 🐾 모니무스(Monimus) : 시라쿠사 출신으로 디오게네스의 제자이다.

16

사람의 영혼은 아래와 같은 경우에 자기 자신을 모독한다, 즉 불명예를 자초한다.

첫째, 영혼이 자기 능력이 미치는 한 세상의 종양이나 종기처럼 된 경우이다. 왜냐하면 모든 개별 사물의 본성들은 우주의 본성에 포함되어 있는데, 발생하는 어떤 것에 대해 화내는 것은 자기 자신을 자연으로부터 분리시키는 것, 즉 우주의 본성을 거역하는 것이기 때문이다.

둘째, 다른 사람을 배척하거나, 심지어는 분노한 사람들의 영혼이 하듯이 남을 해칠 의도를 지닌 채 그를 적대하여 행동하는 경우이다.

셋째, 영혼이 쾌락이나 고통에 굴복하는 경우이다.

넷째, 위선적으로 행동하고, 불성실하고 사실과 상반되고 거짓된 말이나 행동을 하는 경우이다.

다섯째, 우리의 가장 사소한 행동도 그것이 지향하는 목적에 따라 취해져야만 하고, 이성적 동물들의 목적은 가장 오래되고 존엄한 도시와 가장 탁월한 정부의 판단력과 법률에 복종하는 것인데도, 영혼이 자신의 행동과 동작이 아무런 목적도 없이 취해지도록 허용하고, 아무런 생각도 없이 무분별하게 어떤 행동을 하는 경우이다.

17

인생을 살펴볼 때, 일생이란 하나의 점이고, 그것의 본질은 끊임없이 흘러가는 것이며, 그것의 인식은 불분명하고, 몸 전체의 구성 물질은 썩어 없어지게 마련이며, 영혼은 회오리바람이고, 운명은 예측할 수 없는 것이며, 명성은 불확실한 것이다.

이 모든 것을 한마디로 말하자면, 육체에 속하는 모든 것은 한 줄기 강물과 같고, 영혼에 속하는 모든 것은 꿈과 환상이며, 인생은 전투이자 낯선 땅을 지나가는 여행이고, 사후의 명성은 망각이다.

그렇다면 사람을 인도할 수 있는 것은 무엇인가?

그것은 오직 한 가지, 즉 철학뿐이다.

그런데 철학이란 인간 내부의 수호신 다이몬이 모독당하지도 않고 손상되지도 않도록 순수하게 고스란히 보존하고, 고통과 쾌락을 극복하며, 목적 없이는 아무것도 하지 않고, 위선과 허위에 따라서도 행동하지 않으며, 다른 사람의 어떠한 행동이나 부작위에도 의존할 필요성을 느끼지 않는 것이다.

이 외에도, 자신에게 닥치는 모든 것, 운명이 주는 모든 것을 그 출처가 어디이든지 간에 자기 자신의 출처에서 나온 것으로 여겨 받아들이며, 무엇보다도 죽음을 모든 생물을 복합적으로 구성하는 요소들의 분해에 불과한 것으로 보아 평온한 마음으로 기다리는 것이다.

그러면 이 요소들 자체가 끊임없이 서로 다른 것으로 변하는 것을 두려워할 필요가 전혀 없다면, 모든 요소들의 변화와 분해를 사람이 왜 두려워해야만 한단 말인가?

사실은 이것도 또한 자연에 따라 이루어지는 것이고, 자연에 따라 이루어지는 것은 그 어느 것도 악한 것이 아니다.

제 *3*권

이것은 카르눈툼에서 기록한 것이다.

1

우리는 우리의 생명이 날마다 계속해서 소모되고 있고, 그래서 우리에게 남아 있는 것은 종전보다 줄어든 생명이라는 사실을 염두에 두지 않으면 안 된다.

그뿐만 아니라 다른 한 가지 사실도 또한 심사숙고하지 않으면 안 된다.

즉 사람이 장수를 누리는 경우, 사물을 분별하는 데 충분한 이해력이 여전히 유지될 것인지, 그리고 신들과 사람들의 일을 탐구하는 데 필요한 명상의 능력을 계속해서 유지할 수 있는지는 매우 불확실하다는 사실이다.

왜냐하면 그가 만일 노망 상태에 들어가기 시작하는 경우, 호흡, 땀 흘리기, 영양 섭취, 상상력의 발휘, 식욕, 기타 이와 유사한 모든 기능은 줄어들지 않겠지만, 자기 마음대로 몸을 움직일 능력, 모든 의무를 완벽하게 수행할 능력, 모든 현상을 명료하게 분별하는 능력, 이제는 이승을 떠날 때가 되었는지 여부를 심사숙고할 능력, 그리고 단련된 논리를 절대적으로 요구하는 모든 문제를 깊이 생각할 수 있는 능력 등은 모두 이미 소멸되었기 때문이다.

그래서 우리는 서두르지 않으면 안 되는데, 그 이유는 우리가 날마다 죽음에 한층 더 가까이 다가가고 있기 때문만이 아니라, 사물들에 대해 생각하고 그것들을 이해하는 능력이 먼저 소멸하기 때문이기도 하다.

> 카르눈툼(Carnuntum) : 빈 근처 파노니아 지방의 도시이다. 171년부터 173년까지 저자의 군사작전 총사령부가 설치되었던 곳이다.

2

우리는 또한 심지어 자연에 따라 산출된 사물들의 뒤를 따르는 사물들마저도 유쾌하고 매력적인 어떤 것을 지니고 있다는 사실도 아울러 고찰해야만 한다.

예를 들면, 빵이 구워졌을 때 그 일부가 표면에서 갈라지는데, 이렇게 갈라진 부분, 즉 어떤 의미에서는 빵 굽는 사람의 기술의 목적과 상반되는 것이 그 나름대로 아름답게 보이고 이상하게도 식욕을 자극한다.

또한 무화과열매들은 완전히 익었을 때 껍질이 터지고, 완전히 익은 올리브열매들도 거의 썩을 지경에 이른 바로 그 여건 때문에 특이한 아름다움을 지니게 된다.

땅바닥을 향해 깊숙이 고개를 숙인 밀 이삭들, 사자의 게슴츠레한 눈초리, 멧돼지들의 입에서 흘러내리는 거품, 그리고 그 외의 다른 많은 것들은, 사람이 엄밀히 관찰한다면 아름답다고 말하기는 매우 어렵겠지만, 자연이 형성해 준 사물에 추가된 것이기 때문에, 여전히 그 사물을 장식하고 또 사람의 마음을 기쁘게 해준다.

따라서 사람이 우주에서 산출된 사물들에 대해 감수성과 한층 더 깊은 통찰력을 발휘한다면, 다른 사물에 부수되는 것들 가운데 나름대로 즐거움을 주지 않는 것은 그에게 하나도 없을 것이다.

그러므로 그는 심지어 크게 벌려진 야수의 진짜 입마저도 화가들과 조각가들이 자연을 모방해서 보여 주는 작품을 볼 때와 마찬가지의 즐거운 마음으로 바라볼 것이다.

그는 또한 노파와 노인에게서 일종의 원숙함과 아름다움을 발견할 수 있을 것이며 젊은이의 매력과 사랑스러움을 순진무구한 시선으로 바라볼 수 있을 것이다.

그리고 이와 유사한 수많은 것들은 모든 사람들에게 즐거운 것으로 보이는 것이 아니라, 오로지 자연과 자연의 산물들을 진심으로 사랑하는 사람에게만 그렇게 보이는 것이다.

3

히포크라테스는 수많은 사람을 치료해 준 뒤 이번에는 자기 자신이 병이 들어 죽었다. 칼데아인들은 수많은 사람들의 죽음을 예언했지만 결국은 그들도 또한 운명의 손에 걸려들어 죽었다.

알렉산드로스, 폼페이우스, 카이사르는 자주 수많은 도시 전체를 완전히 파괴했고 전투에서 수만 명의 기병과 보병을 살육한 적이 적지 않지만, 결국은 역시 이승을 하직했다.

헤라클레이토스는 우주의 대화재에 관해 그토록 많이 사색도 하고 토론도 했지만 뱃속에 물이 차고 온몸에 진흙을 칠한 채 죽었다.

데모크리토스는 이들에게 물려 죽었고 소크라테스는 다른 종류의 이들에게 물려 죽었다.

이 모든 일은 무엇을 의미하는가? 너는 출범했고, 항해를 마쳤으며 이제 항구에 도착했다. 배에서 내려라. 네가 또 다른 삶을 살기 위해 간다면, 심지어 그곳에도 신들은 없지 않다.

그러나 네가 만일 감각이 없는 상태에 들어간다면, 너는 더 이상 고통과 쾌감의 지배를 받지도 않고 육체의 노예도 되지 않을 것이다.

육체를 섬기는 것이 육체보다 우월한 그만큼, 육체는 자기를 섬기는 그것보다 열등하다. 왜냐하면 육체를 섬기는 그것은 정신과 수호신 다이몬인 반면, 육체는 흙과 썩은 물질이기 때문이다.

> ఴ **히포크라테스**(Hippocrates) : 기원전 460년경에 코스(Cos)에서 출생한 의사로서 고대 의학의 창시자이다.
> ఴ **칼데아인들**(Chaldaei) : 점성술로 유명한 동방의 마술사들인데 고대 로마에서도 활동하였다.
> ఴ **알렉산드로스, 폼페이우스, 카이사르** : 정복자들의 대표인 알렉산더 대왕(Alexander Magnus, 356-323 B.C.) 폼페이우스(Pompeius, 104-48 B.C.) 카이사르(Caius Julius Caesar, 100-44 B.C.)를 가리킨다.
> ఴ **헤라클레이토스**(Heracleitos) : 기원전 505년경에 활동한 에페수스 출신의 철학자로서 만물은 유동적이라는 학설을 주창했다.
> ఴ **데모크리토스**(Democritos) : 기원전 460년경에 압데라에서 출생한 철학자로서 원자론을 주창했다.

4

네가 공익의 어떤 목적을 염두에 두고 있는 경우가 아니라면, 다른 사람들에 관한 생각으로 공연히 네 생애의 남은 부분을 허비하지 마라.

왜냐하면 저 사람은 지금 무엇을 하고 있는지, 왜 그런 일을 하는지, 그는 지금 무슨 말을 하고 있는지, 그는 무슨 생각을 하고 있는지, 그는 무엇을 하려고 하는지 등에 관해, 그리고 너 자신의 지배원리를 보살피는 일에서 너를 멀어지게 하는 모든 것들에 관해 공연히 생각의 날개를 펼친다면, 너는 다른 일을 할 기회를 놓칠 것이기 때문이다.

따라서 연속되는 너의 생각 속에서 목적이 없고 무익한 생각은 모조리 몰아내야만 한다. 무엇보다도 특히 지나친 호기심과 악의에 찬 생각은 전부 억제해야만 한다.

그리고 "지금 당신은 무슨 생각을 하고 있지요?"라는 질문을 갑자기 받았을 때, "이러저러한 생각을 하고 있지요."라고 매우 솔직하게 즉시 대답할 수 있을 만한 그러한 일들만 생각하는 습관을 길러야만 한다.

그런데 너의 그 대답은, 네가 속으로 생각하는 모든 것이 소박하고 우호적이며 사회적 동물에 적합하게 이타적이라는 것, 쾌락이나 감각적 즐거움에 대한 생각과는 전혀 관계가 없다는 것, 경쟁이나 질투나 의심도 없으며 너의 속마음을 드러내도 얼굴을 붉힐 것이 전혀 없는 것임을 명백하게 드러내는 것이 되지 않으면 안 된다.

왜냐하면 이러한 사람, 즉 더 이상 지체하지 않고 곧 가장 훌륭한 사람들 가운데 자기 자리를 차지할 사람은 신들의 사제와 대리인과도 같기 때문이다.

그는 자기 안에 자리 잡고 있는 수호신 다이몬의 힘도 또한 이용하는데, 그 다이몬의 도움 덕분에 그는 쾌락에 오염되지 않고, 어떠한 고통에도 굴복하지 않으며, 어떠한 모욕에도 화내지 않고, 어떠한 악행에 대해서도 무감각하며, 가장 고상한 싸움에서는 용감한 투사가 되고, 어떠한 욕정에도 사로잡히지 않으며, 정의로 깊이 물들어 있고, 자기에게 닥치고 자기의 몫으로 지정된 모든 것을 영혼을 다 바쳐서 받아들이며, 그리고 다른 사람이 무엇을 생각하고 말하고 행동하는지에 대해서는 매우 드물게, 중대한 필요성이 있을 때에만, 그리고 공익을 위해서만 알아보게 된다.

왜냐하면 그는 오로지 자신의 고유한 역할에 관해서만 행동하고, 사물의 전체 가운데에서 또는 보편적 운명에 의해 자신에게 할당된 것만 항상 생각하며, 자신의 모든 행동을 완전하고 공정하게 하고, 운명으로부터 자기에게 오는 모든 것을 좋은 것이라고 확신하기 때문이다.

그리고 그가 그렇게 확신하는 이유는 각자에게 할당된 운명은 그와 함께 진행되고 그를 끝까지 자기와 함께 데리고 가기 때문이다.

또한 그는 모든 이성적 동물들이 자신의 동족이고, 모든 사람을 보살펴 주는 것이 인간의 본성에 부합하며, 모든 사람의 의견을 존중해야만 하는 것은 아니고 자연에 부합하게 살겠다고 공언한대로 살아가고 있는 사람들의 의견만 존중해야 한다는 것을 명심하고 있다.

그러나 자연에 부합하게 살지 않는 사람들에 대해서는, 그들이 자기 집의 안과 밖에서, 낮에 그리고 밤에 어떠한 종류의 사람으로 처신하는지, 어떠한 사람들인지, 그리고 어떠한 사람들과 어울려서 불건전한 생활을 하는지에 관해 그는 항상 유념하고 있다.

따라서 그는 이러한 사람들이 바치는 찬사 따위는 전혀 무가치한 것이라고 여긴다. 왜냐하면 그들은 심지어 자기 자신에 대해서마저 만족하지 못하기 때문이다.

5

너의 의지를 거슬러서 행동하지 마라. 공동의 이익을 무시한 채 이기적으로 행동하지도 마라.

마땅히 해야 할 심사숙고도 하지 않은 채 행동하지도 마라. 상반되는 동기들에 이리저리 끌려 다니지도 마라.

지나친 허식으로 너의 생각을 미화하지도 마라. 말이 너무 많은 사람도 되지 말고 너무 많은 일에 쫓기는 바쁜 사람도 되지 마라.

더욱이 네 안에 자리 잡고 있는 다이몬을 살아 있는 사람, 즉 너 자신의 보호자로 삼아라.

다이몬을 보호자로 모시려면, 너는 사람다운 참된 사람, 원숙하고 존경받을 만한 사람, 정치문제에 관여하는 시민, 로마인, 통치자, 자기 자리를 확고하게 지키는 사람, 자기에게 이승을 떠나라고 지시하는 신호를 기다리며 언제든지 떠날 준비가 되어 있는 사람, 그리고 맹세도 다른 그 누구의 증언도 필요가 없는 사람이 되어야만 한다.

또한 명랑한 사람, 내면의 평온을 스스로 유지하는 사람, 그리고 외부적 지원도 다른 사람들이 줄 수 있는 평온함도 필요가 없는 사람이 되라.

사람은 남들의 힘으로 똑바로 서 있는 것이 아니라 자기 스스로 똑바로 서있지 않으면 안 된다.

6

만일 네가 인생에서 정의, 진리, 절제, 용기보다 다른 것이 더 좋다고 생각한다면, 한마디로, 너의 정신이 너에게 올바른 이성에 따라 어떤 행동들을 하도록 시킬 때 그 행동들에 대해, 그리고 너의 선택의 가능성도 없이 너에게 할당된 운명에 대해 느끼는 만족감보다 다른 것이 더 좋다고 생각한다면, 반복해서 말하지만, 네가 이러한 것들보다 다른 것이 더 좋다고 생각한다면, 너의 모든 마음과 영혼을 바쳐서 그것을 추구하고, 네가 가장 좋다고 여기는 그것을 즐겨라.

한편 수호신 다이몬은 네 안에 거주하고 있고, 너의 모든 충동을 지배할 수 있으며, 너의 모든 생각을 세심하게 검토할 수 있고, 소크라테스가 말한 것처럼 감각들의 열정 또는 유혹을 외면할 수 있으며, 신들에게 복종할 수 있고 사람들을 돌볼 수 있다.

그런데 만일 네가 다른 모든 것이 이 다이몬보다 더 못하고 무가치하다고 생각한다면, 다이몬 이외의 다른 그 어떠한 것도 너의 내면에 자리를 잡지 못하게 하라.

왜냐하면 만일 네가 일단 바른 길을 벗어나 다른 것에 기울어진다면, 참으로 너 자신의 유일한 소유인 이 유익한 것을 너는 장애를 극복하지 않고서는 더 이상 존중할 수 없게 될 것이기 때문이다.

또한 군중의 찬사, 권력, 관료적 출세, 재산, 또는 쾌락의 향유 등과 같이 다른 어떠한 종류의 그 어떠한 것이든 그것이 합리적으로, 사회적으로, 또는 실질적으로 유익한 것과 경쟁한다는 것은 옳지 않기 때문이다. 이 모든 것은 비록 우리의 본성에 잠시 적응된 것처럼 보인다 해도, 단숨에 우위를 차지하고 우리를 끌고 가버린다.

그러나 나는 분명히 말한다.

너는 단순하게 그리고 완전히 자유롭게 더 좋은 것을 선택하고 그것을 고수하라.

"그러나 유용한 것이 더 좋은 것이다."라고 말하려는가?

그러면 좋다. 그것이 이성적 존재인 너에게 유용한 것이라면, 그것을 선택하고 고수하라. 그러나 오로지 동물인 너에게 유용한 것이라면, 그렇다고 시인하고, 오만을 버린 채 너의 그 판단을 유지하라.

다만 확실한 방법으로 탐구하여 선택하도록 조심하지 않으면 안 된다는 점을 명심하라.

7

네가 자기 약속을 어기도록, 자존심을 잃도록, 다른 사람을 미워하도록, 의심하도록, 욕설을 퍼붓도록, 위선자로 행동하도록, 남들의 눈을 피해서 하지 않으면 안 되는 일을 원하도록 언젠가는 너를 강제할 수 있는 것은 아무것도 너에게 유용한 것이라고 생각하지 마라.

자기의 정신, 자기의 다이몬, 그리고 다이몬의 능력에 대한 공경을 다른 모든 것보다 선호하여 선택한 사람은 울고불고 하는 대소동을 일으키지도 않고 신음하지도 않으며, 은둔의 필요성도 많은 무리에 둘러싸일 필요성도 느끼지 못할 것이다.

무엇보다도 중요한 것은 그는 죽음을 애써 추구하지도 않고 죽음으로부터 도피하지도 않은 채 살아갈 것이지만, 육체 안에 영혼을 보존해 두는 기간이 더 길든 더 짧든 전혀 관심을 두지도 않을 것이다.

왜냐하면 심지어 당장 이승을 떠나야만 한다 해도, 위엄 있게 신중하게 처리될 수 있는 다른 일들을 하러 가듯이 그렇게 준비된 자세로 떠날 것이며, 다만 이성적 동물이자 개화된 사회의 일원의 본성을 거스르는 그 어떠한 것에도 자기 정신이 쏠리지 않도록 하는 것, 오로지 이 한 가지만을 일생 동안 조심할 것이기 때문이다.

8

단련되고 정화된 사람의 정신 속에서 너는 썩은 것도, 불순한 것도, 겉은 신선하게 보이지만 속은 썩은 것도 발견하지 못할 것이다.

또한 연극이 끝나기도 전에, 자기가 맡은 역할의 대사를 끝까지 모두 말하지 않은 채 퇴장하는 배우에 대해 사람들이 말하듯이 그렇게 불완전한 삶도 그는 운명이 자기를 데려갈 때 마감하지 않을 것이다.

그뿐만 아니라, 그에게는 비굴한 태도도 없고 뽐내는 태도도 없으며, 외부적 사물들에 대해 지나치게 집착하지도 않고 지나치게 초연하지도 않으며, 비난받아야 할 것도 없고 숨겨야 할 것도 전혀 없다.

9

너의 판단 기능을 존중하라. 이성적 동물의 본성과 기질을 거스르는 의견이 너의 지배원리, 즉 이성 안에 전혀 형성되지 않도록 하는 것은 전적으로 이것에 달려 있다.

또한 이 기능은 성급한 결정을 피하고 신중한 결정을 내리는 일, 사람들 사이에서 우정을 맺는 일, 그리고 신들에 대한 복종을 보장해 준다.

10

그러므로 오로지 몇 가지 안 되는 이것들에만 매달리고 나머지는 모두 버려라.

그뿐만 아니라, 우리는 누구나 오로지 현재라고 하는 이 짧은 순간만 살고 있으며 나머지는 모두 이미 지나간 과거이거나 불확실한 미래라는 것을 명심하라.

따라서 우리 각자가 살아가는 시간은 짧고 우리 각자가 살고 있는 땅의 한구석은 좁으며, 사후에 가장 오래 가는 명성도 또한 짧은 것이다.

심지어 이 명성이라는 것마저도 가련한 인간들의 연속되는 세대들을 통해서만 지속되는데, 그들은 머지않아 곧 죽을 사람들인가 하면, 자기 자신이 무엇인지도 모르고 오래전에 죽은 자에 대해서는 한층 더 모르는 사람들이다.

11

지금까지 언급한 원칙들에는 아래 한 가지가 추가된다.

너에게 드러나는 사물에 대해서는 그것이 그 본질의 측면에서, 순전히 그 자체만의 측면에서, 그리고 그 전체의 측면에서 어떤 종류의 사물인지를 명백하게 파악하기 위해 너 자신이 항상 그것을 정의하거나 묘사하라.

또한 그것의 특정한 명칭, 그것을 구성해 온 요소들과 그것이 앞으로 분해되어 돌아갈 요소들의 명칭도 스스로 파악하라.

왜냐하면 정신의 향상에 그 무엇보다도 한층 더 효과적인 것은 실생활에서 네게 나타나는 사물들을 하나하나 모두 조직적으로 진실하게 조사할 수 있고 또한 항상 관찰하는 것이기 때문이다.

그런데 이 관찰을 통하여 이 우주는 어떤 종류의 것인지, 즉 각 사물은 이 우주에서 어떠한 질서에 속하는지, 또한 각 사물은 그 안에서 어떠한 유용성을 발휘하는지, 전체와 관련해서, 그리고 다른 모든 도시들을 자신의 가족들처럼 거느리는 최상의 도시의 시민인 사람과 관련해서 어떠한 가치를 지니는지, 그리고 각 사물은 무엇이며 그 구성요소들은 무엇인지, 나에게 현재 인상을 주고 있는 이것의 본질은 얼마나 오래 지속될 것인지, 이것과 관련해서 나에게는 온화함, 용기, 솔직함, 충직함, 소박함, 만족, 자립, 그리고 이와 유사한 다른 미덕들 가운데 어떤 것이 필요한지를 파악할 수 있어야만 한다.

그러므로 어느 경우에든 모든 대상에 관해 다음과 같이 말해야만 한다.

즉 이것은 신으로부터 온다. 이것은 사실들의 연쇄와 연결로부터, 운명으로부터, 운명이 짠 실로부터, 또는 우연의 일치나 우연으로부터 오는 것이다. 이것은 나의 혈통의 사람, 동족, 동료로부터 오는 것이지만, 그는 무엇이 자기 본성에 부합하는지 전혀 알지 못한다.

반면에 나는 그것을 잘 안다. 그렇기 때문에 나는 협력의 자연법칙에 따라 자비와 정의로 그를 대하지만, 사람의 절대적 목적과 무관한 사물들에 대해서는 각 사물의 가치를 확인하려고 노력한다.

12

만일 네가 진지하게, 정력적으로, 평온하게 올바른 이성을 따르면서, 또한 다른 어떠한 것에도 정신이 산란해지지 않고 오히려 너의 수호신인 다이몬을 마치 즉시 돌려주어야만 할 것처럼 항상 순수하게 보존하면서 너에게 현재 닥치는 일들을 처리한다면, 그리고 네가 아무것도 기대하지 않고 두려워하지도 않을 뿐만 아니라, 오히려 본성과 조화를 이루어 항상 행동하고 모든 말을 용감하고 정직하게 하는 데 만족하면서 너의 일 처리를 고수한다면, 너는 행복하게 살 것이다.

그리고 그것을 막을 수 있는 자는 아무도 없다.

13

의사들이 자신의 의술이 갑자기 요구되는 위급한 경우를 위해 의료도구와 수술 칼들을 항상 손이 닿는 곳에 대비하고 있듯이, 너도 신들과 사람들의 일을 이해하기 위해, 그리고 그것들을 서로 묶어 주는 유대를 기억하면서 모든 일을, 심지어 가장 사소한 일들마저 도 항상 완수하기 위해 필요한 원칙들을 준비해 두라.

왜냐하면 너는 사람에게 관계되는 일은 어떠한 것이든 신들에 관한 일과 연관시키지 않고는 결코 잘할 수가 없을 것이며, 그와 반대의 경우도 마찬가지일 것이기 때문이다.

14

더 이상 최종목표에서 멀리 떠나 방황하지 마라.

너 자신의 비망록도, 고대 로마와 그리스의 위인들의 전기도, 네가 노년에 읽으려고 했던 그들의 저서들로부터 추려낸 글도 읽지 마라.

그리하여 이제 네 앞에 놓여 있는 최종목표를 향해 걸음을 재촉하고, 헛된 희망을 모두 버려라.

그리고 네가 너 자신에 대해 조금이라도 염려한다면, 네가 너 자신을 도울 수 있는 시간이 아직 남아 있는 동안, 너 자신을 도와라.

15

훔치다, 파종하다, 물건을 사다, 휴식하다, 반드시 이루어져야만 하는 것을 보다 등 이러한 말들이 얼마나 많은 의미를 지닐 수 있는 지에 대해서는 모든 사람이 아는 것이 아니다.

왜냐하면 이러한 의미는 육안이 아니라 다른 종류의 시력으로 알아볼 수 있는 것이기 때문이다.

16

육체와 영혼과 이성에 관해 살펴보자.

감각적 인식은 육체에 속하고, 욕망은 영혼에 속하며, 원리들은 이성에 속한다.

현상을 통해서 형태의 인상을 받는 것은 심지어 동물들에게도 있는 속성이다.

욕망의 충동의 줄에 이끌려 꼭두각시처럼 움직이는 것은 야수들뿐 아니라 본성을 거슬러 죄를 짓는, 즉 스스로 여자로 변한 남자들, 팔라리스와 네로와 같은 자들에게도 있는 속성이다.

또한 올바르고 타당한 일에 있어서 이성을 안내자로 삼는 것은 신들을 믿지 않는 자들, 조국을 배반하는 자들, 집의 문이 일단 닫히면 가장 사악하고 추잡한 짓들을 하는 자들에게도 있는 속성이다.

그러므로 이러한 것들이 내가 앞에서 언급한 모든 사람에게 공통된 것이라고 해도, 선량한 사람의 특징은 별도로 남아 있다.

그는 운명이 그에게 부여하며 자기 일생의 계획 안에서 짜인 것을 사랑하고 만족스럽게 여기고, 자기 가슴속에 자리 잡고 있는 수호신 다이몬을 더럽히지도 않고 수많은 형상으로 그것을 방해하지도 않으며, 오히려 그것을 신으로 모시고 복종하고 따르면서, 진실을 거스르는 말도 정의를 거스르는 행동도 결코 하지 않은 채, 그것을 항상 성심성의껏 섬기고 고요하게 보존한다.

또한 그는 자기가 단순하고 소박하며 즐겁고 만족한 생활을 한다는 것을 모든 사람이 믿어 주지 않는다 해도, 아무에게도 화내지 않고, 인생의 최종목표로 인도하는 길에서 결코 벗어나지 않는다.

그런데 그 최종목표란, 누구나 순수하고, 평온하고 이승을 떠날 준비가 되어 있고, 자유롭고, 자신의 운명과 자발적으로 완전히 조화를 이루는 사람으로서 도달하지 않으면 안 되는 것이다.

⚜ 팔라리스(Phalaris) : 기원전 6세기 중엽 시칠리아의 아그리젠토의 폭군이다.

⚜ 네로(Nero) : 서기 54년부터 68년까지 로마를 다스린 폭군이다.

제 *4* 권

1

사람의 내면을 다스리는 지배원리가 자연과 조화를 이룰 때, 그것은 발생하는 현상들과 관련하여 심하게 영향을 받기 때문에, 가능한 것이면서 또 자신에게 부여된 것에 항상 쉽게 적응한다.

그런데 그 지배원리는 어떠한 특정 질료도 선호하지는 않지만, 일정한 조건 아래에서는 자신의 목적들을 실현하려고 움직이며, 또한 자신을 거스르는 것으로부터 자신을 위한 질료를 만든다.

이것은 마치 불이 자기를 거슬러 자기 위에 쌓이는 것을 장악하는 것과 같다. 즉 불길이 미미한 경우에는 위에 쌓이는 것 때문에 그 불길이 꺼지겠지만, 불길이 강한 경우에는 즉시 적응하여 태우는가 하면 바로 자기 위에 쌓이는 것을 영양분으로 삼아 항상 더 높이 치솟는다.

2

목적 없는 행동은 어떠한 것도 하지 마라.

또한 기술의 원리에 완전히 부합하지 않는 방식으로도 결코 행동하지 마라.

3

사람들은 자신이 물러가 깊이 명상할 만한 장소를 시골과 바닷가와 산속에서 찾고 있으며, 너 자신도 그러한 장소들을 매우 열렬히 갈망하는 습관이 있다. 그러나 이것은 가장 저속한 사람들의 특징이며 이것처럼 어리석은 짓은 없다.

왜냐하면 네가 물러가서 명상에 잠기기를 원한다면 너는 언제든지 너 자신 속으로 물러갈 수가 있기 때문이다.

또한 어느 누구든 자기 영혼보다 더 고요하고 모든 걱정에서 벗어난 더 자유로운 장소로 물러가기란 불가능하며, 무엇보다도 그가 어떤 원리들을 명상하기만 하면 즉시 완전한 평온함을 얻을 수 있는데, 바로 그 원리들을 자기 마음속에 지니고 있을 때에는 더욱 그러하기 때문이다.

그리고 나는 평온함이란 마음의 올바른 질서 이외에 아무것도 아니라고 단언한다.

그러므로 이러한 방식으로 물러가 명상하는 일을 끊임없이 계속하고 원기를 회복하라.

그리고 너의 원리들은 짧고 근본적인 것이 아니면 안 된다. 또한 그것들은 너의 정신에게 제시되자마자, 너의 영혼을 완전히 깨끗하게 씻어주는 데 충분한 것, 사물들에 대한 불만을 모두 버린 너를 네가 돌아가야만 하는 일상생활에 되돌려 보내는 데 충분한 그러한 것이 되지 않으면 안 된다.

사실 너는 무엇에 대해 불만을 품을 수가 있겠는가?

사람들의 사악함에 대해 불만인가?

그렇다면, 이성적 동물은 서로 상대방을 위해서 태어났고, 너그럽게 참아주는 것이 정의의 일부분이며, 인간은 자기가 원하지 않으면서도 잘못을 저지른다는 것을 상기하라. 또한 서로 싸우고 의심하고 미워하고 해치고 한 끝에 얼마나 많은 사람들이 이미 죽고 재로 변했는지 곰곰 생각해 보라. 이 모든 것을 명심하면서 드디어 평온해져라.

혹시 너는 우주의 질서가 네게 지정한 운명에 대해 분개하거나 불만을 품고 있지는 않은가?

그렇다면 그러한 생각 대신에, 세상에는 섭리가 존재하거나 아니면 원자들, 사물들의 우연한 동시 발생이 존재한다는 것을 상기하라. 또한 우주가 하나의 도시, 즉 일종의 정치적 공동체 같은 것임을 입증했던 주장들을 기억하라. 그리고 드디어 평온해져라.

혹시 너는 육체에 관련되는 것들에게 아직도 시달리고 있는가?

그렇다면, 정신은 일단 자신을 회복하고 자신의 고유한 능력을 깨달았을 때, 활력을 주는 호흡의 부드럽거나 격렬한 움직임과 전혀 상관이 없는 것이라고 생각하라. 또한 고통과 쾌락에 관해서 네가 들었던 모든 것과 또 동의했던 모든 것도 상기하라. 그리고 드디어 평온해져라.

혹시 너는 명성이라고 불리는 것에 대한 욕망에 시달리고 있는가?

그렇다면, 모든 것이 얼마나 빨리 망각되는지 보라. 현재의 앞뒤에 있는 무한한 시간의 심연을 보라. 박수갈채나 명성의 허무함을 보라. 너에게 찬사와 갈채를 보내는 척하는 자들의 변화무쌍한 변덕과 경솔함 그리고 판단력의 결핍을 보라. 또한 너의 명성이 국한되는 지역이 얼마나 좁은지도 보라. 그리고 드디어 평온해져라.

왜냐하면 지구 전체는 하나의 점에 불과하고 그 안에서 네가 사는 곳은 극도로 미세한 한 구석에 지나지 않기 때문이다. 너를 칭송할 사람들은 그 안에서 얼마나 적으며, 또 그들은 어떤 종류의 사람들이겠는가?

그러므로 이제 너는 너 자신의 것인 이 작은 영역으로 물러가는 일을 명심하라. 무엇보다도 마음이 산란하게 만들지도 말고 흥분하지도 말며 오히려 자유로운 사람이 되라. 그리고 참된 사람으로서, 인간적인 존재로서, 시민으로서, 목숨이 유한한 존재로서 사물들을 바라보라.

그러나 네가 명심해야 마땅하고 앞으로 의존하지 않으면 안 될 원리들 가운데 아래 두 가지를 포함시켜라.

첫째, 외부 사물들은 영혼을 해치지 못하고 항상 외부에서 정지된 상태에 머물러 있는 반면, 모든 불안은 오로지 우리 내면에 있는 의견에서만 오는 것이다.

둘째, 네가 지금 바라보는 이 모든 사물은 즉시 변하고 더 이상 존재하지 않을 것이다. 이러한 변화를 너 자신도 얼마나 많이 이미 목격했는지 항상 명심하라. "우주는 변화이며 인생은 의견이다."

> ✍ **"우주는 변화이며 인생은 의견이다"** : 데모크리토스의 말을 인용한 것이다.

4

지능이 우리 모두에게 공통적인 것이라면, 우리가 모두 이성적 존재라는 측면에서 이성도 역시 우리에게 공통적인 것이다. 그리고 이성이 공통적인 것이라면, 무엇을 해야만 하고 무엇을 해서는 안 되는지 우리에게 지시해 주는 이성도 공통적인 것이다.

이러한 이성도 공통적인 것이라면, 우리 모두에게 공통적인 법률도 역시 존재한다. 또한 공통적인 법률이 존재한다면, 우리는 모두 동료 시민들이다. 따라서 우리는 모두 동일한 형태의 통치체제에 참여하고 있기 때문에 세계는 하나의 나라와도 같다.

인류 전체가 그 구성원으로 참여하면서도 이것과는 다른 공동의 정치체제를 어느 누가 말할 수 있을 것인가? 이것으로부터, 즉 이 공동의 정치체제로부터 오는 것이 아니라면, 도대체 어디에서 우리의 지능, 이성, 법률이 오는 것이란 말인가?

왜냐하면 (아무것도 무로 돌아가지 않는 것처럼 아무것도 무에서 나오지 않으므로), 내 안에 있는 흙과 같은 부분은 모두 흙에서 나오고, 축축하고 물과 같은 부분은 모두 다른 어떤 요소로부터 나오며, 활력을 주는 숨결은 어떤 특정한 원천에서 나오고, 뜨겁고 불과 같은 부분은 모두 다른 특수한 원천에서 나오는데, 이와 마찬가지로 지능도 어떤 원천에서 나오지 않으면 안 되기 때문이다.

5

죽음은 출생과 마찬가지로 자연의 신비이며, 동일한 요소들이 결합했다가 분해되어 동일한 요소들로 돌아가는 것이다. 그러므로 어느 누구든 부끄러워해야 할 것이 결코 아니다.

왜냐하면 이것은 이성적 동물의 본성을 거스르는 것도 아니고, 그의 구조의 원리를 거스르는 것도 아니기 때문이다.

6

사람마다 자기 나름대로 자기에게 어울리는 행동을 하는 것은 자연스럽고 또 불가피하다. 이것을 인정하지 않으려는 사람이 있다면, 그는 무화과나무가 스스로 수액을 만든다는 것도 인정하지 않을 것이다.

그러나 너 자신이든 그 사람이든 모두 매우 짧은 시일 내에 죽을 것이고, 잠시만 지나면 심지어 너의 이름조차 남지 않을 것이라는 사실을 반드시 명심하라.

7

모욕을 받았다고 하는 너의 생각을 버려라. 그러면 "나는 모욕을 당했다."고 하는 불평도 없어진다.

"나는 모욕을 당했다."고 하는 불평을 버려라. 그러면 모욕도 없어진다.

8

사람을 종전보다 더 나쁜 사람으로 만들지 않는 것은 그의 삶을 더 악화시키지 않으며, 또한 내면적인 피해도 외부적인 피해도 그에게 입히지 않는다.

9

보편적으로 유용한 것의 본성은 그 유용성을 위해 작용하지 않을 수 없다.

10

발생하는 모든 현상은 정당하게 발생한다고 여겨라. 그리고 네가 주의 깊게 관찰한다면 그러한 사실을 깨닫게 될 것이다.

나는 현상들의 연속성에 관해서뿐만 아니라, 그것들이 정당하며 마치 누군가가 각자에게 그 개별적 가치에 따라 몫을 분배해 주는 것과 같다는 것에 관해서도 말한다.

그러므로 네가 행동을 어떻게 시작하는지 잘 살펴보라. 사람은 선하다는 사실을 완전히 이해하고 너 자신이 선한 사람이 되려는 의지를 지닌 채, 너는 무엇을 하든지 간에 그것을 하라. 너의 모든 행동에 있어서 이 원칙을 준수하라.

11

사물들에 관하여는 너를 못살게 굴거나 위압하는 자의 의견도, 그가 네게 강요하려는 의견도 따르지 마라. 오히려 너는 사물들을 실제로 있는 그대로 볼 줄을 알라.

12

사람은 다음의 두 가지 원칙을 항상 명심하고 있지 않으면 안 된다.

첫째, 지배와 입법의 기능을 가진 이성이 사람들의 이익을 위해 네게 무엇을 제시하든지, 오로지 그것만 너는 해야 한다는 것이다.

둘째, 네가 어떠한 의견을 지니고 있다 해도, 누구든지 네가 그것을 버리고 올바른 의견을 지니도록 교정해 줄 수 있는 사람이 네 곁에 있다면, 너는 너 자신의 의견을 바꾸어야만 한다는 것이다.

그러나 이러한 의견의 변경에는 정의나 공동의 이익 등과 같은 타당한 이유가 항상 있어야만 한다. 또한 의견의 변경이 네게 더 즐겁거나 더 많은 명성을 가져다 줄 듯이 보인다는 사실이 아니라, 오로지 정의나 공동의 이익 등과 같은 것만이 네가 의견의 변경을 선택하는 동기들이 되지 않으면 안 된다.

13

"너에게 이성이 있는가?"

"그렇다. 나에게는 이성이 있다."

"그렇다면 너는 왜 그것을 사용하지 않는가? 이성이 자신의 의무를 수행하고 있다면, 너는 그 이외에 무엇을 더 바라겠는가?"

14

너는 전체의 일부분으로서 존재하고 있다. 그리고 너를 만들어 낸 그것 안으로 사라질 것이다. 아니, 그보다는 너를 만들어 낸 그것의 발생 원리 속으로 변모를 통해서 다시 흡수될 것이다.

15

동일한 제단 위에 수많은 유향 낟알들이 놓여 있다. 그 가운데 하나는 먼저 향로에 떨어지고 다른 것은 나중에 떨어진다.

그러나 그것은 아무런 차이도 없다.

16

네가 만일 너의 원칙들과 이성의 숭배로 다시 돌아간다면, 현재 너를 야수나 원숭이처럼 보고 있는 사람들에게 너는 열흘 이내에 신처럼 보일 것이다.

17

앞으로 천 년이나 더 살듯이 그렇게 행동하지 마라. 죽음과 운명이 네 머리 위에서 맴돌고 있다.

네가 살아 있는 동안에, 너에게 선한 사람이 될 수 있는 능력이 있는 동안에, 너는 선한 사람이 되라.

18

자기 이웃이 무엇을 말하거나 행동하거나 생각하는지에 대해서는 전혀 관여하지 않은 채, 오로지 자신의 모든 행동이 올바르고 건전한 것 또는 올바른 사람의 행동에 부합하는 것이 되도록 하는 데에만 몰두하는 사람은 얼마나 많은 골칫거리를 피하며 얼마나 많은 자유로운 시간을 얻는가!

아가톤이 말하는 바와 같이, 다른 사람의 사악한 기질은 거들떠보지도 말고, 오직 한눈을 팔거나 자기 길에서 벗어나지 않은 채 목표를 향해 일직선으로 곧장 달려가라.

19

후세 사람들 사이에서 명성을 얻기를 극도로 갈망하는 사람은 자기를 기억해 줄 사람들 자신도 누구나 곧 죽을 것이고, 그들의 뒤를 잇는 후세의 사람들 역시 마찬가지이며, 자기에 대한 기억 자체도 자기를 어리석게도 존경하다가 사라지는 사람들을 통해 대대로 전해지면서 소멸하는 과정을 거듭하다가 결국은 완전히 소멸되고 말 것이라는 사실을 생각하지 않고 있다.

반면에, 너를 기억해 줄 사람들이 영원히 살고 너의 사후의 명성도 영원불멸의 것이라고 가정한다 해도, 이것이 너에게 무슨 상관인가?

나는 사후에 남들의 칭송을 받는다는 것이, 최소한 어떤 유용성을 지닌 경우 이외에는, 사후의 너에게가 아니라 살아 있는 동안의 너에게 무슨 이익이 있을 것인지에 관해 말하고 있다.

사실 너는 자연의 어떤 선물, 즉 다른 사람의 증언에 의존하지 않는 것을 시기에 부적절하게도 지금 거부하고 있기 때문이다.

20

어떠한 면에서든 나름대로 아름다운 것은 그 자체로 아름답고, 그것에 대한 칭찬과는 무관하게 그 자체로서 완전하다.

그러므로 칭찬을 받는다고 해서 그것이 더 나쁘거나 더 좋은 것이 되지는 않는다.

나는 일반 대중이 아름답다고 말하는 것들, 예를 들면 물질적 사물들과 예술품들 등에 대해서도 위와 같이 단언한다.

참으로 아름다운 모든 것에게 왜 다른 것이 필요하겠는가? 이러한 것들은 법칙, 진리, 자애심, 겸손의 경우와 마찬가지로 다른 것이 전혀 필요하지 않다. 이러한 것들 가운데 어느 것이 칭찬을 받기 때문에 아름답거나 비난을 받기 때문에 손상되는가?

에메랄드 같은 사물들은 칭찬을 받지 않으면 현재의 상태보다 더 나쁜 것이 되는가? 또는 황금, 상아, 자주색 옷감, 하프, 단검, 꽃, 관목 등도 그러한가?

21

만일 영혼들이 사후에도 계속해서 존재한다면, 대기는 어떻게 모든 영혼들을 받아들이기에 충분한 공간을 태고 때부터 유지할 수 있는가? 한편 대지는 어떻게 땅 속에 묻힌 모든 시체들을 받아들이기에 충분한 공간을 태고 때부터 유지할 수 있는가?

땅 속에서 일정한 기간이 지나면 시체들이 어떠한 것으로든 변모하고 또한 분해되어 다른 시체들을 위해 자리를 내준다.

이와 마찬가지로, 대기 속으로 옮겨간 영혼들도 일정한 기간 동안만 존속하다가 변모하고 분산되며, 우주의 발생 원리 안에 다시 흡수되어 불의 본성을 취하며, 대기 속에 머물게 되는 새로운 영혼들을 위해 이러한 방식으로 자리를 내주는 것이다.

그리고 이것은 영혼들이 사후에도 계속해서 존재한다고 하는 가설에 대해서 제시될 수도 있는 대답이다.

그러나 우리는 땅 속에 묻히는 사람들의 시체들의 엄청난 수효뿐만이 아니라 우리가 날마다 잡아먹는 짐승들과 다른 생물들의 엄청난 수효도 또한 생각해 보아야만 한다. 얼마나 많은 수효의 짐승이 사람들에게 잡아먹히는가! 또 얼마나 많은 수효의 짐승이 그것을 잡아먹는 사람들의 육체 속에 그러한 방식으로 묻히는가!

그럼에도 불구하고, 이 모든 시체들이 피로 변하고 공기나 불과 같은 요소로 변모하기 때문에 이 대지에는 모든 것을 받아들이기에 충분한 공간이 있는 것이다.

이 문제에 관해서 진실을 발견하는 방법은 무엇인가?

그것은 질료적인 것을 형식적인 것, 즉 형태의 원인인 것과 구분하는 것이다. 다시 말하면 질료와 원인을 구분하는 것이다.

22

올바른 길에서 벗어나지 마라.

오히려 모든 동작에 있어서는 올바른 것을 따르고 모든 생각에 있어서는 너의 이해 또는 인식의 기능을 온전하게 보존하라.

23

우주여, 너와 조화를 이루는 것은 모두 나하고도 조화를 이룬다! 너에게 시기적절한 것은 하나도 나에게 너무 이르거나 너무 늦지가 않다.

자연이여, 너의 계절들이 생산하는 것은 나에게 모두가 유익한 결실이다. 즉 모든 것이 너에게서 나오고, 모든 것이 네 안에 있으며, 모든 것이 너에게 돌아간다.

그 시인은 "사랑스러운 체크로프스의 도시여!"라고 말하는데, 너는 "사랑스러운 제우스의 도시여!"라고 말하지 않을 것인가?

> "사랑스러운 체크로프스의 도시여!" : 아리스토파네스의 글을 인용한 것이며 체크로프스의 도시는 아테네를 가리킨다.

24

"평온하게 살기를 바란다면 최소한의 일에만 관여하라."고 그 철학자는 말한다.

그러나 "필요한 일을 하라. 그리고 자연에 의해 사회적 동물로 살아가도록 만들어진 그 동물의 이성이 요구하는 모든 일을 그 이성이 요구하는 대로 하라."고 말하는 것이 더 낫지는 않을지 곰곰 생각해 보라.

왜냐하면 이것은 올바른 행동에서 오는 평온함뿐만 아니라 최소한의 일만 하는데서 오는 평온함도 아울러 얻게 해주기 때문이다.

사실 우리의 말과 행동의 대부분은 불필요한 것인데, 만일 이러한 불필요한 것들을 억제한다면, 우리는 더 많은 여가와 더 많은 평온함을 얻고 불안은 더욱 줄어들 것이다.

그러므로 우리는 행동하려고 할 때마다 "이것은 필요한 것인가? 아니면, 불필요한 것인가?"라고 스스로 물어야만 한다.

또한 우리는 불필요한 행동들뿐만 아니라 불필요한 생각들도 억제하지 않으면 안 된다. 그것은 불필요한 생각들을 억제해야만 불필요한 행동들이 뒤따르지 않을 것이기 때문이다.

🖎 철학자 : 데모크리토스를 가리킨다.

25

올바른 사람의 생활, 즉 우주의 질서로부터 부여된 자신의 몫에 만족할 뿐만 아니라 정의와 자비심에 따라 행동하는 것에도 만족하는 사람의 생활이 너에게도 얼마나 적합한지 시험해 보라.

26

너는 저러한 것들을 보았는가? 그러면 이제 이러한 것들도 보라.

네 마음을 산란하게 만들지 말고 철저히 단순하게 지내라.

어떤 사람이 잘못을 저지르기라도 하는가? 그는 자기 자신을 거슬러서 잘못을 저지르는 것이다.

어떤 일이 네게 닥치기라도 했는가? 그것은 잘 된 것이다. 너에게 닥치는 것은 모두 우주의 본성에 의해 태초부터 너의 일생 안에 예정되고 또한 짜 넣어진 것이다.

한마디로 너의 일생은 짧다.

너는 이성과 정의에 의지하여 현재의 시간을 유익하게 사용하도록 애쓰지 않으면 안 된다.

오락을 즐길 때에도 침착한 태도를 유지하라.

27

완벽하게 질서정연한 우주가 존재하거나, 아니면 되는 대로 함께 모여진 혼돈이 있겠지만, 그래도 질서는 항상 여전히 존재한다.

어떻게 네 안에는 어떤 질서가 있는 반면, 모든 사물, 즉 우주에는 무질서가 있을 수 있겠는가? 그럴 리가 없다.

이것은 특히, 모든 사물이 분명히 서로 다르지만 함께 결합하고 서로 조화된다는 점을 생각해 본다면 더욱 그러하다.

28

사악한 성품이란 여자처럼 나약하고, 완고하고, 난폭하고, 맹수처럼 흉포하고, 어린애처럼 유치하고, 짐승처럼 게으르고, 어리석고, 거짓되고, 기생충처럼 비열하고, 용병처럼 속이고, 폭군처럼 잔인한 것이다.

29

얼마나 많은 사물이 세상에 존재하는지 모르는 사람이 세상을 모르는 문외한이라고 한다면, 세상에서 일어나는 모든 일을 모르는 사람도 그에 못지않게 세상을 모르는 문외한이다.

사회의 공동생활의 규범으로부터 도피하는 자는 이탈자고, 이해력이나 정신의 두 눈을 감는 자는 소경이며, 살아가는 데 필요하거나 유용한 모든 것을 자기 손으로 구비하지 못하고 다른 사람들의 도움을 필요로 하는 자는 가난뱅이 또는 거지다.

또한 자기에게 닥치는 일들을 싫어하여 우주의 본성을 멀리하고 그로부터 분리되는 사람은 세상 안에 생긴 악성 종양이다. 왜냐하면 너를 만들어 낸 바로 그 본성이 그에게 닥치는 일들의 원인도 되기 때문이다.

그리고 영혼은 하나뿐인 만큼, 다른 이성적 동물들의 영혼으로부터 자기 영혼을 분리시키는 사람은 도시나 국가로부터 분리된 한 조각의 파편이다.

30

겉옷이 없는 철학자가 있는가 하면, 책이 한 권도 없는 철학자도 있고, 절반쯤 벌거벗은 철학자도 있다.

"나는 빵은 가지고 있지 않지만 이성은 충실히 따른다."고 철학자는 말한다.

그런데 나는 나의 지식에서 생계수단을 얻지는 않지만 이성은 충실히 따른다.

31

네가 배운 기술이나 직업이 아무리 보잘것없는 것이라 해도 너는 그것을 사랑하고 그것에 대해 만족하라.

또한 너 자신은 결코 폭군도 되지 않고 다른 어떠한 사람의 노예도 되지 않은 채, 자기가 가진 모든 것을 자기 영혼 전체와 함께 신들에게 위탁한 사람처럼 너의 여생을 끝까지 보내라.

32

예를 들어 베스파시아누스의 시대를 되돌아보라. 오늘도 여전히 일어나고 있는 똑같은 모든 일들을 너는 볼 것이다.

그 당시에도 사람들은 결혼하고, 자녀들을 양육하고, 병들고, 죽고, 전쟁하고, 잔치하고, 장사하고, 토지를 경작하고, 아첨하고, 완고하고 오만한 태도를 취하고, 의심하고, 음모를 꾸미고, 다른 사람들이 죽기를 바라고, 현재 상태에 대해 불평하고, 사랑하고, 재산을 긁어모아 쌓고, 집정관의 지위 또는 왕권이나 왕국을 탐냈다.

그런데 그들의 삶은 단 하나도, 그 어느 곳에서도 더 이상 계속되지 않는다.

그런 다음에 우리는 트라야누스의 시대로 옮겨가 보자. 똑같은 일들이 다시금 전개된다. 그들의 삶도 역시 지나가 버렸다.

이와 같은 방식으로 다른 모든 시대들과 모든 민족들의 모든 증거를 살펴보라. 그리고 그 엄청난 고생과 노력 끝에 얼마나 많은 사람들이 순식간에 쓰러져 죽고 자기들을 구성하는 요소들로 분해되었는지 보라.

그러나 너는 너 자신이 직접 알고 있던 사람들에 관해서 무엇보다도 먼저 생각해 보지 않으면 안 된다. 네가 알기에 그들은 헛된 것들에 관해서 공연히 부심했으며, 자기 본성에 부합하는 일을 하는 것도, 그것을 완강하게 고수하는 것도, 오직 그것만으로 만족하는 것도 모두 무시해 버렸다.

여기서 너는 모든 행동에 대한 주의가 어떻게 각각 그 나름대로 특정 가치를 지니고 적절한 균형을 유지하는지 기억해 둘 필요가 있다. 이렇게 해야만, 너는 별로 중요하지 않은 일들에 적절한 정도 이상으로는 관여하지 않은 채, 불만도 품지 않게 될 것이다.

> ᠖᠙ 베스파시아누스(Titus Flavius Vespasianus) : 서기 69년부터 79년까지 로마 황제이다.
> ᠖᠙ 트라야누스(Marcus Ulpius Trajanus) : 서기 98년부터 117년까지 로마 황제이다.

33

과거 한때 자주 사용되던 단어들이 오늘날에는 구식이 되었고, 그와 마찬가지로 과거 한때 유명했던 사람들의 이름도 오늘날에는 구식이 되었다.

예를 들면, 카밀루스, 카에소, 볼레수스, 레오나투스, 그리고 조금 뒷시대의 스키피오와 카토, 그 다음에는 아우구스투스, 그 다음에는 하드리아누스와 안토니누스가 역시 그러하다.

왜냐하면 모든 것은 빨리 지나가고 단순한 전설이 되며, 그 다음에는 완전한 망각 속에 파묻히고 말 것이기 때문이다. 그런데 나는 찬란한 명성을 떨치던 인물들에 대해서 당연히 이렇게 말하는 것이다.

그 이외의 나머지 사람들의 경우에는 마지막 숨을 내쉬자마자 그들은 즉시 사라지고 아무도 그들에 관해 말하지 않는다.

그렇다면, 심지어 영원한 기억마저도 도대체 그것은 무엇인가? 완전히 허무한 것이다.

그러면 우리가 심각하게 배려하지 않으면 안 되는 것은 무엇인가?

그것은 단 한 가지뿐이다. 즉 우리의 생각은 올바르지 않으면 안 되고, 우리의 행동은 공동체에 유익해야만 하며, 우리의 말은 결코 거짓이 없고 정직해야 하고, 우리의 기질은 닥치는 모든 것을 필요하고 일상적인 것으로, 또한 같은 종류의 원리와 원천에서 나오는 것으로 기꺼이 받아들여야만 한다는 것이다.

꿍 **카밀루스**(Camillus), **카에소**(Caeso), **볼레수스**(Volesus), **레오나투스**(Leonnatus) : 로마공화국 초기의 전형적 영웅들이다.
꿍 **스키피오**(Scipio Africanus) : 기원전 202년에 자마 전투에서 한니발 군대를 격파한 로마의 장군이다.
꿍 **카토**(Marcus Porcio Cato) : 기원전 184년에 로마의 감찰관이다.
꿍 **아우구스투스**(Octavianus Augustus) : 로마제국의 창시자이다.
꿍 **하드리아누스**(Publius Elius Hadrianus) : 서기 117년부터 138년까지 로마 황제이다. 그는 안토니누스(Antoninus)를 자신의 후계자 겸 양자로 삼았고, 안토니누스는 이 책의 저자를 양자로 삼았다.

34

너 자신을 운명의 세 여신 가운데 하나인 클로토에게 기꺼이 바쳐라. 그리고 그녀 자신이 원하는 모든 일들로 네 운명의 실을 잣도록 내버려 두라.

> ✎ 운명의 세 여신 : 운명의 실을 잣는 클로토(Clotho), 그 실의 길이를 정하는 라케시스(Lachesis), 그리고 그 실을 끊는 아트로포스(Atropos)를 가리킨다.

35

기억하는 것이든 기억되는 것이든, 모든 것은 하루 이상 존속하지 못한다.

36

모든 것이 어떻게 변모의 길을 통해서 생기는지 끊임없이 관찰하라. 그리고 우주의 본성은 현재 존재하는 것들을 변화시키고 그와 동일한 종류의 새로운 것들을 만들어 내는 일만큼 좋아하는 것도 없다는 사실을 생각하는 습관을 가져라.

왜냐하면 현재 존재하는 모든 것은 어떤 의미에서는 앞으로 존재하게 될 것들의 씨앗이기 때문이다.

그러나 너는 대지 위에 또는 자궁 속에 던져진 씨앗들 이외의 다른 씨앗들은 전혀 생각하지 못하고 있다. 그러나 이것은 매우 천박한 생각이다.

37

너는 곧 죽을 것이다.

그런데 너는 아직도 단순하지도 않고, 불안에서 완전히 벗어나지도 못했으며, 외부 사물들이 너를 해칠 수 있다는 의심을 버리지 못했고, 다른 모든 사람에게 자비롭지도 않으며, 지혜가 오로지 올바르게 행동하는 데에만 있다는 확신도 얻지 못했다.

38

사람들의 지배원리, 즉 이성을 자세히 검토하라.

심지어 현명한 사람들의 그것마저도 자세히 검토하고, 그들이 어떠한 종류의 것들을 피하고 또 어떠한 종류의 것들을 추구하는지 자세히 관찰하라.

39

너에게 해로운 것은 다른 사람의 지배원리 안에 있는 것도 아니고, 너를 둘러싸고 있는 물질적 여건의 변화나 변경에 있는 것도 아니다.

그러면 그것은 어디 있는가? 그것은 너의 영혼의 일부분 안에, 즉 해로운 것에 대한 판단을 내리는 능력이 존재하는 그 일부분 안에 있다.

그러므로 이 능력이 너에게 해로운 것에 대해 판단을 내리지 않도록 하라. 그러면 모든 것이 잘 될 것이다.

그리고 만일 이것과 가장 가까운 것, 즉 가련한 육체가 여러 토막으로 잘리거나 불에 타거나 썩는 경우, 그럼에도 불구하고 이러한 것들에 대해 판단을 내리는 그 부분을 평온하게 유지하라.

다시 말하면, 악인에게나 선한 사람에게나 무차별하게 똑같이 닥칠 수 있는 것은 유익한 것도 해로운 것도 아니라는 판단을 너의 영혼의 그 일부분이 내리도록 하라.

왜냐하면 본성을 거슬러 사는 사람에게나 본성에 따라 사는 사람에게나 무차별적으로 똑같이 닥치는 것은 본성을 거스르는 것도 아니고 본성을 따르는 것도 아니기 때문이다.

40

우주를 오로지 한 실체와 한 영혼만 지니고 있는 단일한 생명체로 항상 생각하라.

또한 어떻게 모든 사물이 단일한 인식, 즉 이 생명체의 인식 속으로 흡수되고, 단일한 추진력에 따라 움직이며, 새로 생겨나는 다른 사물들의 공동의 원인이 되는지 생각해 보라.

그리고 지속적으로 유지되는 이 모든 사물의 연쇄와 상호 연결은 어떠한 것인지도 생각해 보라.

41

에픽테토스가 자주 말한 바와 같이, 너는 죽은 자의 무거운 시체를 지고 다니는 연약한 영혼이다.

42

사물들이 변화의 결과로 존재하는 것은 그 사물들에게 유익한 것이 결코 아니다. 이와 마찬가지로, 사물들이 변화를 거쳐야만 한다는 것은 그 사물들에게 해로운 것이 결코 아니다.

43

시간이란 발생하는 현상들로 이루어진 강물과 같고, 맹렬하게 흐르는 격류와 같다.

왜냐하면 어떠한 사물이든 눈에 보이자마자 휩쓸려 내려가 사라지고, 그 자리에 다른 것이 나타나지만 그것도 곧 휩쓸려 내려가 사라질 것이기 때문이다.

44

발생하는 모든 현상은 봄철의 장미와 여름철의 과일처럼 우리에게 친숙하고 잘 알려진 것이다.

질병, 죽음, 비방, 배신, 그리고 바보들을 즐겁게 하거나 슬프게 하는 모든 것도 역시 그러하다.

45

사물들의 연속에 있어서 뒤에 오는 것들은 앞서간 것들과 항상 직접적으로 연결된다.

왜냐하면 이 연속은 오로지 필연적 선후관계만 지니는 개별 사물들의 단순한 나열이 아니라 논리적 상호 연결이며, 이미 존재하는 모든 것이 조화롭게 정돈되어 있듯이, 앞으로 존재하게 될 모든 것도 단순히 뒤를 잇는 것이 아니라 어떤 놀랍고도 직접적인 상호관계를 가지기 때문이다.

46

"흙의 죽음은 그것이 물이 되는 것이고, 물의 죽음은 그것이 공기가 되는 것이고, 공기의 죽음은 그것이 불이 되는 것이며, 이 과정의 역순도 또한 성립한다."고 한 헤라클레이토스의 말을 항상 기억하라.

길이 어디로 뻗어 있는 것인지 잊어버리고 있는 사람을 기억하라.

또한 "사람들은 그들이 가장 꾸준히 접촉하고 있는 것, 즉 우주를 지배하는 이성과 불화하며, 그들이 날마다 마주치는 것들이 그들에게는 낯선 것으로 보인다."고 한 그의 말도 기억하라.

더욱이 "우리는 마치 잠든 상태에 있기라도 하는 것처럼 행동해서도 말해서도 안 된다."고 한 그의 말도 또한 기억하라. 왜냐하면 잠들었을 때에도 사람은 행동도 하고 말도 하는 것처럼 보이기 때문이다.

또한 "우리는 부모와 함께 있는 아이들처럼 처신해서는 안 된다."고 한 그의 말도 기억하라. 이것은 우리가 오로지 가르침을 받은 그대로만 행동하고 말해서는 안 된다는 뜻이다.

47

네가 내일 또는 늦어도 모레에는 분명히 죽을 것이라고 어떤 신이 네게 말한다면, 극도로 저능한 인간이 아닌 한, 너는 죽음이 내일이 아니라 모레 닥친다는 사실을 더 중요시하지는 않을 것이다.

(내일이든 모레든 무슨 대수로운 차이가 있겠는가?)

그러므로 헤아릴 수 없이 많은 해를 산 뒤에 죽는 것이 내일 죽는 것에 비해 엄청나게 좋은 일이라고는 생각하지 마라.

48

얼마나 많은 의사들이 자기 환자들에 대해 자주 눈살을 찌푸린 뒤에 자기도 죽었는지 끊임없이 생각하라.

얼마나 많은 점성가들이 다른 사람들의 죽음에 대해 엄청난 허세를 부리면서 예언한 뒤에 자기도 죽었는지 끊임없이 생각하라.

얼마나 많은 철학자들이 죽음이나 영원불멸에 관해 끝없는 논쟁을 한 뒤에 자기도 죽었는지 끊임없이 생각하라.

얼마나 많은 영웅들이 무수한 사람들을 죽인 뒤에 자기도 죽었는지 끊임없이 생각하라.

얼마나 많은 폭군들이 자기 자신은 마치 영원히 살기라도 할 것처럼 다른 사람들에 대해 생사 결정의 권한을 극도로 오만하게 행사한 뒤에 자기도 죽었는지 끊임없이 생각하라.

그리고 헬리케, 폼페이, 헤르쿨라네움, 그 외의 무수한 도시들의 경우처럼, 얼마나 많은 도시들이 철저하게 전체가 파멸했는지를 끊임없이 생각하라.

또한 네가 알게 되었던 모든 사람들도 한 사람씩 차례로 생각해 보라. 한 사람이 다른 사람의 시체를 매장한 뒤에 죽었고, 그를 또 다른 사람이 묻었다. 그리고 이 모든 일은 단기간에 일어났다!

결론적으로 말하자면, 사람에 관한 모든 것들이 얼마나 덧없고 무가치한 것인지, 어제는 콧물이나 콧김에 불과하던 것이 내일은 미라나 재가 된다는 것을 항상 생각하라.

그러므로 너는 자연과 조화를 이루면서 이 짧은 기간을 통과하고, 그 다음에는 마치 올리브 열매가 익으면 자기를 생산해 준 자연과 대지를 찬미하면서, 자기를 길러 준 나무에게 감사하면서 땅에 떨어지듯이, 너도 평온한 마음으로 삶을 마감하고 만족감을 품은 채 너의 여행을 끝내라.

> ❧ 헬리케(Helice) : 그리스의 아카이아의 옛 수도인데, 기원전 373년에 지각의 격변으로 완전히 파괴되었다.
> ❧ 폼페이(Pompeii), 헤르쿨라네움(Herculaneum) : 서기 79년에 베수비우스 화산의 폭발로 완전히 매몰되었다.

49

파도가 끊임없이 밀려와 부서지지만 확고부동하게 버티고 선 채 자기 주변의 성난 물결을 잠잠하게 만들고야 마는, 해변에 돌출한 곳처럼 되라.

"이러한 불운이 나에게 닥쳤기 때문에 나는 불행하다!"

과연 그런가? 결코 그렇지 않다. 오히려 그와 정반대이다.

"나는 행복하다. 왜냐하면 나에게 닥친 불운에도 불구하고 나는 여전히 위축되지 않은 채 고통에서 벗어난 상태에 계속 머물러 있으며, 현재에 짓눌려 부서지지도 않고 미래를 두려워하지도 않기 때문이다."

또한 이러한 종류의 불운은 사실 누구에게나 닥칠 수도 있는 것이지만, 그런 경우에 모든 사람이 여전히 위축되지 않은 채 고통에서 벗어난 상태에 계속 머물러 있을 수는 없다.

그렇다면 왜 이것이 행운이 되기보다는 오히려 저것이 불운이 되는가?

인간의 본성에서 벗어나지 않는 것을 너는 어느 경우에든 항상 사람에게 불운이 된다고 말하는가? 어떤 것이 인간의 본성이 원하는 바와 상충되지 않을 때, 너에게는 그것이 인간의 본성을 벗어난 것으로 보이는가?

자, 어떤가? 너는 인간의 본성이 원하는 바를 알고 있다.

그러면 너에게 닥친 일이 네가 올바르고 관대하며, 현명하고 신중하고, 무분별한 판단과 허위를 멀리하는 사람이 되지 못하도록 막는가?

또한 그것은 겸손, 자유, 그리고 인간의 본성이 그 고유한 목적을 달성하게 해주는 다른 모든 미덕들을 네가 구비하지 못하도록 막을 것인가?

너에게 고통과 슬픔을 초래하는 경우가 닥칠 때마다, 그러한 경우는 불운이 아닌 반면, 그것을 용감하게 참아 내는 것은 행운이라고 하는 원칙을 적용하는 것도 또한 기억하라.

50

얼마나 많은 사람들이 삶에 악착같이 매달려서 오래 버티고 있는지를 곰곰 생각해 보는 것은, 죽음에 대한 경멸에 도달하는 데 있어서 매우 통속적이기는 하지만, 그래도 여전히 효과적인 방법이다.

그들은 일찍 죽은 사람들보다 무엇을 더 얻었는가? 카디치아누스, 파비우스, 율리아누스, 레피두스, 또는 이들과 같은 다른 모든 사람들은 어딘가에 위치한 무덤 속에 드디어 누워 있는 것이 분명하다. 그들은 무수한 사람들을 무덤으로 보낸 다음에 자기 자신도 무덤으로 실려 가고 말았다.

한마디로 출생과 죽음 사이의 기간은 매우 짧다. 그런데 이 기간이 얼마나 많은 고생을 거쳐서, 어떤 종류의 사람들과 어울려서, 얼마나 허약한 육체 속에서 힘들게 지나가는지 생각하라.

그러므로 인생을 조금이라도 가치 있는 것으로 여기지 마라!

네 뒤에 있는 과거의 무한한 시간, 그리고 네 앞에 놓인 미래의 끝없는 시간을 바라보라!

그러면 이 무한 속에서, 사흘을 사는 사람과 네스토르처럼 세 세대를 사는 사람 사이에 무슨 차이가 있는가?

> ◈ 카디치아누스(Cadicianus), 파비우스(Fabius), 율리아누스(Julianus), 레피두스(Lepidus) : 누구를 가리키는 것인지 불확실하고, 레피두스는 기원전 43년 삼두정치의 일원으로 추정된다.
> ◈ 네스토르(Nestor) : 호메로스의 일리아드에 등장하는 영웅인데 두 세대 이상을 살았다고 한다.

51

언제나 지름길을 선택해서 걸어가라. 지름길은 자연에 순응하는 길이다. 그리하여 모든 것을 가장 합리적인 방식으로 말하고 행동하는 경지에 도달하라.

왜냐하면 이러한 목적은 사람을 근심과 싸움, 모든 종류의 술책과 허세 부리는 과시에서 해방시켜 주기 때문이다.

제 *5* 권

1

아침에 잠자리에서 일어나기가 싫을 때는 "내가 잠자리에서 일어나는 것은 인간으로서 의무를 다하기 위한 것이다. 그렇다면 나의 삶의 목적으로 삼아야 할 그것들, 나를 세상에 태어나게 만들어준 그것들을 하려고 하는데, 왜 나는 불평하려고 하는가? 아니면, 나는 이불 속에서 몸을 따뜻하게 보존한 채 누워있기 위해 태어났단 말인가?"라고 즉시 생각하라.

"그렇지만 이불 속에 누워 있는 것이 더 즐겁다."라는 생각이 드는가?

"그렇다면 너는 활동이나 노력은 전혀 하지 않고 오로지 즐거움을 얻기 위해서만 세상에 존재하는가? 너는 나무들, 새들, 개미들, 거미들, 벌들을 보지 못하는가? 그것들이 각자 자기에게 주어진 고유한 임무를 완수하여 자신의 작은 영역에서 우주의 질서에 공헌하고 있는 것을 보지 못하는가? 그런데도 너는 인간으로서 의무를 완수하기도 바라지 않고, 너의 본성에 부합하는 일을 향해 서둘러 달려가지도 않는단 말인가?"라고 생각하라.

"그러나 휴식을 취하는 것도 또한 필요하다."라는 생각이 드는가?

그렇다. 휴식이 필요하다는 것은 나도 인정한다. 그러나 자연은 휴식에 대해서도 그 한계를 설정해 놓았다. 먹는 일과 마시는 일에 대해서도 자연은 그 한계를 설정해 놓았다.

그런데 너는 이러한 것들의 한계를 넘어가고 필요 이상으로 휴식을 취하거나 먹고 마시는 반면, 너 자신의 활동에 관해서는 그렇지 않고 네 능력이 미치는 범위보다 항상 적게 활동한다.

그러므로 네가 자신을 사랑하지 않는다는 것은 사실이다. 만일 네가 자신을 사랑한다면, 너는 너의 본성도, 너의 본성이 바라는 것도 또한 사랑했을 것이기 때문이다.

자기 기술을 진정으로 사랑하는 다른 사람들은 자기가 하는 일에 너무나도 몰두해 있어서 목욕하는 것도 식사하는 것도 잊어버리고 일한다.

반면에 네가 자신의 본성을 존중하는 정도는 녹로공이 녹로를 돌리는 기술을, 조각가가 끌을 사용하는 기술을, 무용가가 춤 솜씨를, 수전노가 자기 돈을, 허영심 많은 자가 자신의 하찮은 명예를 존중하는 정도보다도 못하다.

이러한 사람들은 어떤 일에 참으로 열정적으로 매달릴 때는 자신의 모든 관심이 쏠린 일을 완성하지 못하기보다는 차라리 식사도 수면도 포기한다.

반면에 사회의 공공의 이익에 공헌하는 일들이 너에게는 그들의 일에 비해 한층 더 하찮은 것, 네가 노력을 기울일 가치가 별로 없는 것으로 보인다.

2

번거롭거나 부적절한 모든 생각을 물리치고 뇌리에서 지워 버린 다음, 즉시 완전한 평온함을 회복하는 일은 얼마나 쉬운가!

3

본성에 부합하는 말이나 행동은 모두가 네게 적절한 것이라고 판단하고, 그것에 뒤따를 수도 있는 다른 사람들의 비난이나 쑥덕공

론에 마음이 흔들리지 마라.

오히려 네가 해야만 하는 말이나 행동이 옳은 것이라면, 그것이 네게 부적절하다고 여기지 마라.

왜냐하면 그들은 자기를 인도하는 나름대로 특정한 원칙을 지니고 자기 자신의 특정한 충동을 따르기 때문이다.

너는 그러한 것들을 거들떠보지 말고, 오히려 너 자신의 본성과 우주의 본성을 따르면서 너의 길을 곧장 전진하라.

너의 본성과 우주의 본성의 길은 하나인 것이다.

4

대지에 쓰러져 안식을 얻을 그날까지 나는 자연이 설정해 놓은 모든 단계를 거쳐서 간다.

그날이 오면 나는 날마다 나의 숨결의 원천이었던 대기 속으로 마지막 숨을 내쉴 것이다.

또한 나의 아버지에게는 정액을, 나의 어머니에게는 피를, 나의 유모에게는 젖을 공급해 준 대지, 나에게는 이토록 오랜 세월에 걸쳐서 먹을 것과 마실 것을 준 대지, 그리고 내가 끊임없이 밟고 다니고 수많은 목적을 위해 이용할 때 나를 참고 포용해 준 대지, 그 대지 위에 나는 쓰러질 것이다.

5

너에게는 다른 사람들의 경탄을 불러일으킬 수 있는 총명함이 없다. 그 말은 맞다.

그러나 "자연은 내가 그것을 구비하도록 나를 만들지 않았다." 거나 "그것은 자연의 선물이 아니다."라고 네가 말할 수 없는 다른 많은 장점들이 너에게는 있다.

그러면 전적으로 네게 달려 있는 그 장점들, 즉 성실함, 근엄함, 노고를 참고 견디는 끈질긴 노력, 쾌락에 대한 무관심, 너의 몫에 대한 만족, 검소함, 자비심, 솔직함, 자유, 단순함, 평온함, 아량 등을 보여 주어라.

날 때부터 구비하지 못했다거나 구비할 자격이 없다는 핑계를 대지 않은 채 네가 즉시 보여 줄 수 있는 장점들이 너에게 얼마나 많은지 깨닫지 못하는가? 그리하여 자진해서 더 낮은 수준에 계속 머물러 있으려고 하는가?

또는 자연의 선물들이 너에게 부족하다는 구실을 내세워서 너는 한탄하고, 불평하고, 인색하고, 아첨하고, 너의 허약한 육체를 탓하고, 다른 사람들의 비위를 맞추려 하고, 허세를 부리며 과시하고, 마음이 극도로 불안정한 상태에 머물러 있으려고 하는가?

모든 신들에게 맹세코 그래서는 안 된다. 너는 이미 오래전에 이 모든 결점들로부터 벗어날 수가 있었다. 네가 탓해야만 할 것이 있었다면, 그것은 네가 이 점을 이해하는 데 느리고 게을렀다는 사실

뿐이다.

　그러므로 너는 너의 게으름을 잊거나 거기 안주하기보다는 이러한 결점들로부터 벗어나도록 노력하지 않으면 안 된다.

6

　다른 사람에게 혜택을 베풀었을 때, 어떤 사람들은 그것에 대한 보답을 당연히 받을 태세를 즉시 취한다.

　두 번째 종류의 사람들은 그런 태세는 취하지 않지만, 자신의 혜택을 받은 상대방을 채무자로 항상 마음속으로 생각하고, 자기가 한 일을 분명히 기억하고 있다.

　세 번째 종류의 사람들은 자기가 혜택을 베풀었다는 사실조차 전혀 기억하지 않는데, 그들은 일단 포도를 생산해 낸 뒤에는 다른 것을 더 추구하지 않는 포도나무와 같다.

　그들은 또한 자기 코스를 완전히 달리고 난 뒤의 말이나, 사냥감을 추격하고 난 뒤의 사냥개나, 꿀을 만들어 낸 뒤의 꿀벌과도 같다.

　그래서 선행을 한 뒤에 그들은 다른 사람들에게 와서 보라고 소리치지도 않고, 그것을 잊어버린 채 다른 선행을 하러 간다. 이것은 마치 포도나무가 포도를 철에 맞추어 다시금 생산해 내는 것과 같다.

그러면 우리는 위의 세 가지 종류 가운데 하나, 즉 자신의 선행을 기억하지 않으면서 선행을 계속하는 그런 사람이 되어야만 하는가?

"그렇다. 그러나 우리는 자기가 무슨 행동을 하는지는 반드시 인식하지 않으면 안 된다. 왜냐하면 공동체에 속하는 사회적 동물인 사람에게는 자기 행동이 공익을 위한 것이라고 아는 것이, 그리고 제우스신에게 맹세코, 자기 동료들도 또한 그것을 알기를 바라는 것이 특징이며 또 타당하기 때문이다."

"네가 하는 말은 옳지만 너는 내가 방금 한 말을 잘못 해석하고 있다. 바로 이 이유 때문에 너도 또한 내가 위에서 언급한 바 있는 그러한 종류의 사람들 가운데 하나가 될 것이다. 왜냐하면 심지어 그들마저도 진실처럼 보이는 어떤 것에 오도되고 있기 때문이다.

그러나 내가 한 말의 의미를 네가 이해하기로 작정했다면, 그것 때문에 네가 공익에 기여하는 행동을 소홀히 할 것이라는 걱정은 하지 마라."

위에서 언급한 바 있는 그러한 종류의 사람들 : 앞의 3항에 언급된 사람들을 가리킨다.

7

아테네인들은 "오, 우리의 사랑을 받으시는 제우스신이여, 비로 변신하여 주십시오! 아테네인들이 쟁기로 갈아엎은 밭들 위에, 그리고 아테네인들의 초원들 위에 비를 내려 주십시오!"라고 기도한다.

너는 이처럼 단순하고 솔직하게 기도하지 않으면 안 된다. 그렇지 않으면, 기도를 전혀 하지 마라.

8

"아이스쿨라피우스가 이 사람에게 말을 타고 가는 일이나 냉수 목욕이나 맨발로 걸어가는 일을 처방해 주었다."고 흔히 말하듯이, 우리는 "우주의 본성이 이 사람에게 질병이나 신체의 불구나 재산의 상실이나 그와 유사한 다른 손실을 처방해 주었다."고 말한다.

전자의 경우에 '처방했다'는 말은 아이스쿨라피우스가 그 사람의 건강을 회복시켜 주는 데 적절한 것을 그 사람을 위해서 처방했다는 뜻이다.

후자의 경우에 '처방했다'는 말은 각자에게 닥치거나 일어나는 것은 그의 운명에 적절하게 그를 위해 결정된 것이라는 뜻이다.

벽을 쌓거나 피라미드를 만들 때 육면체로 절단된 돌들이 서로 잘 들어맞아서 구체적인 구조물을 이루면 그것들이 적절하다고 벽돌공들이 말하듯이, 우리도 또한 현상들이 우리에게 적절하다고 말한다.

모든 것이 모여서 이루는 조화는 유일한 것이다. 우주는 모든 물체가 모여 조화롭게 구성된 결과인 것처럼, 운명도 기존의 모든 개별 원인들이 모여서 구성된 것이다. 심지어 가장 무식한 사람들마저도 내가 하는 말을 이해한다. 왜냐하면 그들은 "운명이 그에게 이러한 것을 초래했다."고 말하기 때문이다.

그렇다면 그것은 그에게 초래된 것이고 처방된 것이다. 그러므로 우리는 아이스쿨라피우스가 처방하는 것을 받아들이는 것과 마찬가지로 운명이 초래하는 것들도 받아들이자.

물론 아이스쿨라피우스가 처방한 것마저도 그 가운데 많은 것이 불쾌한 것이기는 하지만, 우리는 치유를 바라면서 그것들을 받아들인다. 우주의 본성이 결정한 것들의 완전한 실현을 네가 건강을 위해 취하는 치료법과 똑같이 취급하고, 네게 닥치는 모든 것을 불쾌한 것마저도 받아들여라.

왜냐하면 그것은 우주의 건강을 향하여, 제우스신의 번영과 행복을 향하여 인도하기 때문이다. 다시 말하면 그것의 목적은 우주의 복리, 즉 제우스신의 번영과 성공이기 때문이다.

사람에게 닥치는 것은 그 어떠한 것도, 그것이 만일 전체를 위해 유용한 것이 아니라면, 제우스신은 그것을 그에게 닥치도록 하지 않았을 것이다. 또한 그 어떠한 것의 본성도 그 본성에게 지배되는 것에게 적합하지 않은 것은 하나도 만들어 내지 않는다.

그러므로 너에게 닥치는 모든 것에 대해 네가 만족하지 않으면 안 되는 이유가 두 가지 있다.

첫째, 그것이 닥치는 것은 너를 위한 것이고, 그것은 너를 위해 처방되었으며, 원래 가장 먼 원인들에 의해서 너의 운명과 서로 얽혀 있기 때문이다.

둘째, 심지어 사람들 각자에게 개별적으로 닥치는 것들마저도 우주를 지배하는 힘의 행복, 번영, 완성에, 그리고 제우스를 통해서, 심지어 그것의 보존과 지속에도 기여하기 때문이다.

그래서 만일 네가 그 어떠한 것도, 가장 미세한 것마저도 그 원인들이나 부분들의 연결과 연속과 단절시킨다면, 전체의 보존은 깨지고 만다.

또한 너는 어떤 것이 너의 힘에 속해 있는 동안, 네가 불만을 느낄 때마다 그것을 단절시켜서 전체의 보존을 깨고, 어떤 의미에서는 그것을 제거해 버린다.

9

네가 모든 행동을 올바른 원칙들에 따라 하는 데 성공하지 못했다고 해서 기분이 상하거나 낙담하거나 불만을 품거나 하지는 마라.

실패했다면 오히려 돌아가서 다시 시도하라.

그리고 네가 하는 것의 적어도 대부분이 인간의 본성과 부합한다면 그것으로 만족하라.

네가 어떤 것에 돌아갈 때는 그것을 사랑하라. 그러나 철학에 돌아갈 때에는 마치 그것이 엄격한 선생이라도 되는 것처럼 여겨서 돌아가지는 말고, 다만 눈병이 나서 눈에 댈 스펀지와 눈에 바를 달걀의 흰자위를 찾는 사람처럼, 또는 습포와 압박붕대를 찾는 사람들처럼 행동하라.

이렇게 해서 너는 이성에 복종하는 것이 과중한 부담이 아니고 네가 이성 안에서 안식을 얻는 것이 타당하다는 것을 보여 줄 것이다.

또한 철학은 오로지 너의 본성이 원하는 것만 원하는 반면에, 네가 원하는 것은 본성과 조화를 이루지 못하는 매우 다른 것이다.

여기에 대해서는 "내가 지금 하고 있는 이것보다 더 유쾌하거나 감미로운 것은 도대체 무엇인가?"라는 반론이 제기될지도 모른다. 그러나 그것은 쾌락이 우리를 속이는 바로 그 이유가 아닌가? 사람은 이것에게 유혹되지 않는가?

또한 너그러운 아량, 자유, 단순함, 소박함, 마음의 평온, 관대함, 경건함, 생활의 건전함 등이 더 유쾌한 것은 아닌지 깊이 생각해보라.

이해와 지식의 기능이 모든 여건에서 얼마나 많은 안전과 성공을 가져다주는지 네가 생각한다면, 즉 이해와 지식의 기능이 좌우하는 모든 것의 안전과 다행한 과정을 네가 생각한다면, 지혜 자체보다 더 유쾌하거나 감미로운 것이 도대체 무엇이겠는가?

10

사물들은 모두 휘장에 너무 심하게 가려져 있기 때문에 하찮은 철학자가 아닌 수많은 철학자들에게 전혀 이해할 수 없는 대상으로 보였다. 심지어 스토아학파 철학자들에게마저도 이해하기 어려운 대상으로 보였다.

그리고 우리의 모든 긍정도 그릇된 판단의 결과이기가 십상이다. 사실 오류를 절대로 범하지 않는 인간이 어디 있는가?

그러면 네 경험의 대상들 자체를 생각해 보라. 그것들은 얼마나 덧없고 무가치한 것인가? 또한 비열한 악당이나 창녀나 강도의 손에 들어가고 말 수도 있는 것이 아닌가?

그 다음에는 너와 함께 살고 있는 사람들의 습성이나 품행을 생각해 보라. 그들이 각자 자기 자신을 참아 주기도 거의 불가능하다는 점은 말할 필요도 없고, 너는 그들 가운데 가장 훌륭한 사람마저도 참아 주기가 거의 불가능하다.

그렇다면 이토록 짙은 안개 속에서, 이토록 엄청난 쓰레기 더미에서, 그리고 실체와 시간과 운동과 움직이는 모든 것의 이토록 빠른 흐름 속에서, 우리가 매우 소중하게 여길 가치가 있는 것, 또는 어떤 식으로든 열광적으로 추구할 만한 것이 있다고는 내가 상상도 할 수 없다.

반면에, 사람은 누구나 자신의 자연적 분해를 기다리면서 스스로 위로하지 않으면 안 된다. 그는 자신의 자연적 분해가 더디게 온다고 해서 걱정할 것이 아니라 오로지 아래와 같은 두 가지 원칙들만 생각하면서 마음의 평온을 유지해야 한다.

첫째, 우주의 본성과 조화를 이루지 않는 것은 아무것도 나에게 닥치지 않을 것이다.

둘째, 나의 신과 나의 다이몬을 거스르는 행위를 전혀 하지 않는 것은 오로지 나 자신에게만 달려 있다. 왜냐하면 사실 아무도 나의 신과 나의 다이몬을 거슬러 그들의 법칙들을 위반하도록 나에게 강요할 수는 없기 때문이다.

11

너는 모든 여건 아래에서 "그러면 나는 무슨 목적을 위해 지금 나의 영혼을 사용하고 있는가?"라는 질문을 던져야만 한다.

이어서 아래와 같이 자기 자신에게 물어보아야만 한다.

"사람들이 지배원리라고 부르는 것, 즉 나의 이 일부분 안에 지금 나는 무엇을 가지고 있는가? 또한 나는 지금 어떤 종류의 영혼을 지니고 있는가? 어린애의 영혼인가? 청년의 영혼인가? 나약한 여자의 영혼인가? 폭군의 영혼인가? 가축의 영혼인가? 아니면, 야수의 영혼인가?"

대부분의 사람들이 유익한 것이라고 생각하는 것들이 어떤 종류의 것인지 아는 방법이 있다.

현명함, 정의, 절제, 용기 등과 같은 것이 실제로 유익한 것이라고 생각하는 사람이 있다면, 그러한 생각을 하는 상태에서 그는 "모든 구석에 있는 유익한 것"이라고 한 희극작가의 말에 더 이상 귀를 기울이려고 하지 않을 것이다. 왜냐하면 그는 그 말이 적절하지 않다고 깨달을 것이기 때문이다.

반면에 대부분의 사람들이 유익한 것으로 여기는 것이 실제로 유익한 것이라고 생각한다면, 그는 희극작가의 말이 매우 적절한 것이라고 보고 그 말에 열심히 귀를 기울이고 쉽게 받아들일 것이다.

이렇게 심지어 대부분의 사람들마저도 그 차이를 인식하고 있다. 그렇지 않다면, 그들은 희극작가의 말을, 전자의 경우에는 부인도 배척도 하지 않을 것이고, 후자의 경우에는, 그것이 재산에 관해서, 그리고 사치와 명성과 허영으로 인도하는 다른 수단들이나 행운을 언급하는 것이라면, 매우 적절하고 재치 있다고 해서 수긍할 것이다.

그러므로 한 걸음 더 나아가서, 일단 적절하다고 여겨진 것들에 대해 "재산을 너무 많이 가진 사람은 바로 그 이유 때문에 자기가 배설할 장소가 한구석도 더 이상 없다."고 한 희극작가의 말을 적용할 수 있다면, 그것들을 가치 있는 것으로 여기고 실제로 유익한 것으로 생각해야만 할는지 자신에게 물어보라.

❧ 희극작가 : 기원전 320-291년에 활동한 고대 그리스의 메난드로스(Menandros)를 가리킨다.

13

나는 원인적 원리, 즉 형식과 아울러 질료로 구성되어 있다. 이 두 가지 가운데 그 어느 것도 허무로부터 나오지 않은 것처럼, 그 어느 것도 허무로 돌아가지 않을 것이다.

따라서 나를 구성하는 모든 부분은 각자 변모를 거쳐서 우주의 어떤 일부분이 될 것이고, 그 일부분은 또 다시 변모를 거쳐 우주의 다른 일부분이 될 것이며, 이러한 과정은 영원히 지속될 것이다.

나도 또한 이러한 변모의 결과로 존재하며, 나를 낳은 사람들도 역시 그러하며, 이러한 과정이 과거의 방향으로 영원히 소급된다.

설령 우주가 한정된 순환주기에 따라 지배된다 해도, 위와 같이 말하는 것을 아무것도 막지 못한다.

14

이성 그리고 추론의 방법이나 기술은 그 자체를 위해, 그리고 그것의 고유한 작용을 위해 충분한 능력이다. 이것들은 사실 자신의 특정한 원리에서 출발하여 자신이 지향하는 목표를 향해 나아간다.

그러므로 이것들이 따르는 길의 올바른 방향을 정확하게 지적하기 위해, 이것들의 작용을 올바른 행동 또는 '카토르토세이스'라고 부른다.

15

누구나 사람으로 살아가기 위해 자기에게 속하는 것이 아닌 사물을 자기 것이라고 여겨서는 안 된다. 즉 누구나 자신이 인간으로 존재하는 데 유용하지 않은 것을 가치가 있다고 여겨서는 안 된다.

이러한 것들은 사람에게 필요하지도 않고, 사람의 본성이 약속하는 것도 아니며, 사람의 본성이 그 목적을 달성하는 수단도 아니다. 그러므로 이러한 것들은 사람의 목적도 아니고, 그 목적의 달성에 도움이 되는 것, 즉 유익한 것도 아니다.

그러나 만일 이러한 것들 가운데 어떤 것이 사람에게 실제로 유용한 것이라면, 그것을 경멸하고 배척하는 것은 옳지 않으므로 그렇게 하지 마라.

또한 이러한 것을 하찮게 여길 수 있다는 것을 보여 주는 사람을 칭찬하지도 마라. 그리고 이러한 것들이 참으로 유익한 것이라면, 이러한 것들을 스스로 멀리하는 사람을 훌륭하다고 여기지도 마라.

반면에, 사람이 이러한 것들과 이와 유사한 것들이 결핍되면 될수록, 또는 그러한 결핍을 잘 견디어 낼수록, 그는 더욱 고결한 사람이다.

16

네가 습관적으로 자주 생각하는 바에 따라서 너의 정신의 특성도 그렇게 형성될 것이다. 왜냐하면 영혼은 너의 생각들에 물들게 마련이기 때문이다.

그러므로 아래와 같은 생각들로 끊임없이 너의 영혼을 물들여라.

사람이 살아갈 수 있는 곳이라면 그곳에서는 그가 올바르게 살아가는 것도 또한 가능하다. 그러나 왕궁에서 살아가야만 하는 경우라면, 그가 왕궁에서 올바르게 살아가는 것도 또한 가능하다.

또한 이러한 생각도 하라.

모든 개별 사물은 다른 사물이 자신의 이익을 위해 만든 것이다. 그리고 개별 사물을 만든 그것은 개별 사물의 목적이고, 개별 사물은 이 목적을 향해서 가고 있다. 목적이 있는 곳에 개별 사물에게 유용한 것과 유익한 것이 있다.

그런데 사회적 동물에게 유익한 것은 사회다. 왜냐하면 우리가 사회 안에서 살기 위해 태어났다는 것은 이미 위에서 논증한 바와 같기 때문이다.

열등한 것은 우월한 것의 이익을 위해 만들어졌고, 우월한 것들은 상호 이익을 위해 만들어졌다는 것은 자명하지 않은가?

그리고 생명이 있는 것은 생명이 없는 것보다 우월하고, 생명이 있는 것 가운데에서도 이성을 가진 것이 더 우월하다.

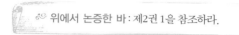
위에서 논증한 바 : 제2권 1을 참조하라.

17

불가능한 것을 추구하는 것은 미친 짓이다. 그러나 악인들에게는 이러한 미친 짓을 하지 않기가 불가능하다.

18

어느 누구든 자연이 선천적으로 부여한 능력에 따라 그가 감당할 수가 없는 것은 그에게 하나도 닥치지 않는다.

동일한 일들이 너에게는 닥치지 않고 다른 사람에게는 닥치는데, 그는 그러한 것들이 자기에게 닥쳤다는 것을 깨닫지 못하기 때문에, 또는 한층 더 대범한 정신을 보여 주려고 하기 때문에, 확고한 태도를 취하며 고통을 느끼지 않는다.

무지와 자만심이 지혜보다 더 강하다는 것은 이상하고 수치스럽지 않은가?

19

사물들은 그 자체로서는 영혼에게 아무리 미세한 정도라도 결코 작용하지 않고, 영혼에게 접근하지도 않으며, 영혼의 방향을 수정할 수도, 영혼을 움직일 수도 없다.

반면에 영혼은 스스로 방향을 수정하고 스스로 움직이며, 어떠한 판단이든 자신이 적절하다고 생각하는 그러한 판단만 내린다.

그래서 영혼에게 닥치는 모든 일의 결과는 영혼 자신의 판단에 따른 것이다.

20

우리가 다른 사람들에게 선행을 해야만 하고 그들을 참아 주지 않으면 안 되는 한, 한 가지 관점에서는 사람이 우리에게 가장 가까운 이웃이다.

그러나 다른 사람들이 나의 의무의 완수를 방해하는 한, 사람은 태양이나 바람이나 야수와 마찬가지로 나에게는 무관한 존재가 된다.

이러한 사람들이 나의 행동을 방해할 수 있는 것도 사실이지만, 신중하게 행동하고 여건에 적응하는 나의 능력 때문에 그들은 나의 정서와 기질을 방해할 수 없다.

사실 정신은 자신의 활동을 방해하는 어떠한 장애물도 자신에게 도움이 되도록 진화시키고 변화시키기 때문에, 활동을 처음에는 방해하던 것이 그 활동을 돕고, 길을 가로막고 있던 것이 길을 쉽게 가도록 도와주고야 만다.

21

우주의 최고 권위, 즉 모든 것을 이용하고 지배하는 그것을 존경하라. 또한 네 안에 있는 최고의 권위도 이와 똑같이 존경하라.

이 두 가지의 본성은 동일하다.

사실 네 안에 있는 최고 권위는 네 안에서도 나머지 모든 것을 이용하고, 너의 생명은 이것의 지배를 받고 있는 것이다.

22

국가에 해롭지 않은 것은 국민에게도 해롭지 않다. 너는 피해를 곧 입을 것이라는 생각이 들 때마다 아래와 같은 원칙을 적용하라.

"만일 이것이 국가를 해치지 않는 것이라면 나에게도 피해를 끼치지 않는다."

그러나 국가가 피해를 입었다면, 국가를 해친 그 사람에게 너는 화를 내지 말고 그의 잘못을 지적해 주어야만 한다.

23

기존의 모든 것과 새로 생기는 모든 것이 얼마나 빨리 지나가고 사라지는지 자주 생각하라. 왜냐하면 실체는 영원히 끊임없이 흐르는 강물과 같고, 사물들의 활동은 끊임없는 변화를 거치며, 사물들의 원인은 무한한 수정을 거치고, 따라서 안정적으로 고정된 것이 하나도 없기 때문이다.

네 주변의 가까운 곳에 있는 것들도 역시 마찬가지다.

과거와 미래의 무한한 심연, 모든 것이 그 속으로 사라지는 심연을 생각해 보라.

그러면 이러한 것들 때문에 으스대거나, 번민하거나, 또는 자신에게 닥치는 고통이 마치 필연적으로 한없이 오래 계속될 것처럼 여겨서 탄식하는 것은 미친 짓이 아닌가?

고통이나 걱정거리는 일시적인 것, 그것도 단기간에 걸치는 것일 뿐이다.

24

우주의 실체 전체를 생각해 보라. 너는 그것의 가장 미세한 일부분을 차지하고 있다.

우주의 시간 전체를 생각해 보라. 너에게 지정된 시간은 짧고 덧없는 일부분이다.

운명이 결정한 것들을 생각해 보라. 너는 그것의 얼마나 미세한 부분인가!

25

다른 사람이 나에게 잘못을 저지르는가? 그가 자기 잘못을 깨닫게 하라. 그는 자기 나름대로의 기질이 있고 또한 자기 나름대로 행동한다.

지금 나는 우주의 본성이 내가 지금 지니기를 바라는 그러한 기질을 지니고 있고, 나의 본성이 내가 지금 하기를 바라는 그러한 행동을 한다.

26

네 영혼의 일부분, 즉 지도하고 지배하는 원리가 쾌락이든 고통이든, 격심한 것이든 가벼운 것이든, 육체의 움직임에 동요하지 않도록 하라.

또한 그것이 그러한 움직임과 결합하지 않고, 스스로 자기 자신 안에만 머물러 자기를 지키며, 그러한 감각들을 육체의 지체들에 국한시키도록 하라.

그러나 이러한 감각들이 단일 유기체에 당연히 존재하는 상호적 공감에 의해 정신의 영역에까지 퍼지는데 성공했을 때에는, 그 감각에 저항하려고 하지 마라. 왜냐하면 그것은 자연스러운 것이기 때문이다.

그러나 지배원리는 그 감각에 대해 좋다든가 나쁘다든가 하는 식으로 자신의 판단을 스스로 추가해서는 안 된다.

27

신들과 더불어 살라.

참으로 신들과 더불어 사는 사람이란, 그의 영혼이 자기 자신에게 할당된 몫에 만족함과 동시에 다이몬이 원하는 것을 모두 실천한다는 것을 모든 경우에 항상 신들에게 보여 주는 사람이다.

그리고 이 다이몬은 제우스신이 각 사람에게 그의 보호자이자 안내자로 준 신성한 일부분, 즉 각자 자신의 일부분이며, 각자의 정신, 이해력, 이성이다.

28

겨드랑이에서 악취를 풍기는 사람에 대해 화가 나는가? 입에서 악취를 풍기는 사람에 대해 화가 나는가? 그런다고 해서 네게 무슨 이익이 있겠는가? 이 사람에게는 그러한 입이 있고, 저 사람에게는 그러한 겨드랑이가 있다. 그러한 것에서 그러한 악취가 나는 것은 불가피하다.

"그러나 그 사람에게는 이성이 있다. 그는 수고를 아끼지 않고 잘 생각해 본다면, 자신의 어느 구석이 남의 감정을 해치는지 알아낼 수 있는 위치에 있다."고 너는 말할 것이다.

좋다. 그는 물론 그것을 알아낼 수 있는 위치에 있다.

그런데 너에게도 이성이 있다. 그러므로 너의 이성으로 그의 이성을 각성시켜라. 그에게 그의 잘못을 지적해 주고 충고해 주어라. 그가 충고를 받아들인다면, 너는 그의 잘못을 시정해 줄 것이고, 더 이상 화가 날 필요도 없을 것이다.

너는 비극배우도 아니고 창녀도 아니다.

29

이승을 떠난 저승에서 네가 살기를 바라는 그 삶을 너는 네가 현재 처해 있는 이곳에서 똑같은 방식으로 살 능력이 있다.

만일 이것이 네게 허락되지 않는다면, 생명을 버리고 떠나라. 그러나 어떤 불운에 억눌려서 떠나는 것처럼 보여서는 안 되고, 아무런 피해도 보지 않는 듯이 떠나라.

"이 집은 안에 연기가 그득 차 있다. 그래서 나는 떠나간다."

너는 왜 이것을 귀찮은 일이라고 생각하는가? 이것이 네게는 그렇게도 엄청난 일로 보이는가?

그러나 이러한 종류의 일이 나를 내몰지 않는 한, 나는 여기 머물러 있고, 자유롭게 지내며, 아무도 내가 원하거나 선택하는 것을 하지 못하도록 막지 못할 것이다.

그리고 내가 원하거나 선택하는 것은 사회 안에서 살기 위해 태어난 이성적 동물의 본성에 부합하는 것을 하는 것이다.

> **"이 집은 안에 연기가 그득 차 있다…"** : 에픽테투스가 한 말을 인용한 것이다.

30

우주의 정신은 사회적이다. 그러므로 이것은 우월한 것들의 이익을 위해 열등한 것들을 만들었고, 우월한 것들은 서로 적응하도록 조치했다.

이것이 어떻게 모든 것을 종속시키고 조정했으며, 어떻게 각자에게 그 능력에 비례하여 적절한 몫을 할당하고, 가장 우월한 것들이 서로 화합하도록 만들었는지 보라.

31

신들, 너의 부모, 형제, 자녀들, 스승들, 네 유아시절에 너를 돌보아 준 사람들, 친구들, 친척들, 그리고 너의 노예들에게 너는 지금까지 어떻게 처신해 왔는가?

"아무에게도 나쁜 말이나 나쁜 행동을 하지 말라."는 명령을 여태껏 준수했는지, 또는 "그는 행동이나 말로 남에게 잘못을 저지른 일이 없었다."고 하는 말이 이 모든 사람들에 대한 너의 처신에 적용될 수 있는지 반성해 보라.

게다가 네가 얼마나 많은 사건들을 겪었는지, 또한 얼마나 많은 것들을 참고 견딜 능력이 있었는지도 잘 생각해 보라.

이제 네 일생의 경력은 완성되었고 너의 역할은 끝났다는 것도 기억하라.

또한 네가 아름다운 것을 얼마나 많이 보았는지, 얼마나 많은 쾌락과 고통을 경멸하였는지, 얼마나 많은 영광의 기회를 피했는지, 얼마나 많은 사악한 심보의 사람들에게 친절한 기질을 보였는지, 그리고 얼마나 많은 배은망덕 하는 사람들에게 온정을 베풀었는지 기억하라.

👒 "아무에게도 나쁜 말이나…" : 피타고라스의 말이라고 추정된다.

👒 "그는 행동이나 말로…" : 호메로스의 '오딧세이' 제4장에서 인용한 것이다.

32

미숙하고 무지한 영혼들이 노련하고 유식한 사람을 어떻게 혼란에 빠뜨릴 수가 있겠는가?

그러면 노련하고 유식한 영혼은 어떠한 것인가?

그것은 시작과 끝을 아는 영혼, 모든 실체에 두루 침투해 있고 확정된 기간들에 따라 우주를 영원히 다스리는 이성을 아는 영혼이다.

33

너는 머지않아, 그것도 매우 빠른 시일 내에, 재나 해골이나 단순한 이름이 되거나 심지어는 이름도 되지 못할 것이다. 그러나 이름이란 소리나 메아리에 불과하다.

그리고 인생에서 가장 소중하게 여겨지던 것들은 공허한 것, 썩은 것, 하찮은 것이며, 서로 물어뜯는 강아지들이나 서로 싸우고 웃다가 금세 우는 어린애들이나 마찬가지다.

그러나 신뢰와 충실, 겸손과 존경, 정의와 진리는 "드넓게 펼쳐진 대지로부터 올림포스 산으로" 날아가 버렸다.

그렇다면 무엇이 너를 아직도 여기 하계에 붙잡아 두고 있는가?

감각의 대상들이 쉽게 변하고 결코 제자리에 머물지 못하여 불안정하다면, 인식기관들이 불확실하며 쉽게 거짓 인상들을 받아들인다면, 그리고 가련한 영혼 자체가 피에서 발산되는 것에 불과하다면, 그리고 이러한 세상에서 얻는 명성이 허무한 것이라면, 어찌하여 너는 너의 최후가 너 자신의 소멸이든, 아니면 다른 상태로 이전하는 것이든, 그것을 평온한 마음으로 기다리지 않는가?

그러면 그 순간이 올 때까지 무슨 일을 해야 마땅한가?

그것은 신들을 공경하고 찬미하는 것, 사람들에게 선행을 하는 것, 그들을 참아 주고 자제하는 것 이외에 다른 것이 아니다. 그러나 너의 가련한 육체와 정신의 한계를 넘는 모든 것에 대해서는 그것들이 너에게 속하지도 않고 의존하지도 않는다는 사실을 기억하라.

"드넓게 펼쳐진 대지로부터…" : 헤시오도스의 말을 인용한 것이다.

34

만일 올바른 길을 걸어가고, 그리하여 올바르게 생각하고 올바르게 행동한다면, 너는 행복의 평온한 흐름 속에서 항상 살아갈 수 있다.

신의 영혼에게, 사람의 영혼에게, 그리고 이성을 구비한 다른 모든 존재의 영혼에게 공통되는 두 가지 특질이 있다.

첫째, 영혼은 다른 것들의 방해를 받지 않는다.

둘째, 영혼은 정의에 부합하는 기질을 유지하고 정의를 행동으로 실천하는 것을 자신의 이익이라고 여기며, 오로지 그렇게 하는 것만을 바란다.

35

만일 이것이 나의 잘못도 아니고 나의 잘못의 결과도 아니며, 이것 때문에 사회 공동체나 공공의 이익이 피해를 본 것도 없다면, 내가 이것에 관해 염려할 이유가 어디 있는가?

그리고 사회 공동체나 공공의 이익이 입는 피해란 어떤 것인가?

36

사물의 외관이나 공상에 결코 무분별하게 끌려 다니지 마라. 그러나 다른 사람들을 도울 가치가 있다면, 그리고 그들이 선악에는 관련이 없는 사물들을 잃었다면, 네 힘이 미치는 한 모든 사람을 도와주어라.

그러나 그러한 물건을 잃은 것을 진정한 손해로 여기지는 마라. 왜냐하면 그것은 나쁜 습관이기 때문이다.

오히려 먼 길을 떠나려고 할 때 노인이 자신의 어린 학생에게 팽이를 달라고 하면서 그것이 단순히 팽이에 불과하다는 것을 아는 것처럼, 너도 역시 그렇게 해야만 한다.

그런데 너는 많은 사람들 앞에서 공개적으로 탄식하다니! 이 사람아, 너는 혹시라도 이러한 사물들의 가치를 잊어버렸는가?

"나는 그것을 잘 알고 있다. 그러나 이 사물들은 그들에게 매우 중요한 것처럼 보인다."

그렇다면 너도 이러한 것들 때문에 미친놈이 되고 싶은가?

> ❦ 팽이 : 하찮은 사물들을 상징하는 것으로 보인다.

37

"나는 운이 좋은 사람이라는 말을 한때 들을 수 있었다. 그러나 어느 순간인가 나도 모르게 갑자기 행운을 잃었다."

그러나 운이 좋은 사람이란 자기 스스로 행운을 만들어 낸 사람을 가리킨다.

그리고 행운이란 영혼의 선한 기질, 선한 감정들, 선한 행동들을 말한다.

제 **6** 권

1

우주의 실체는 유순하고 순종적이다. 그리고 실체를 지배하는 이성은 악하게 행동할 동기를 자체 안에 전혀 가지고 있지 않다.

왜냐하면 그 이성은 악의가 전혀 없고, 어떠한 것에게도 악하게 행동하지 않으며, 어떠한 것도 이것의 피해를 입지 않기 때문이다.

그러나 모든 사물은 이 이성의 목적에 부합하도록 만들어지고 또 완성된다.

2

너는 너의 의무를 이행하고 있는 동안에는, 날씨가 춥든 덥든, 네가 잠이 부족해서 졸리든 잠을 충분히 잤든, 너를 칭찬하는 소리를 듣든 비난하는 소리를 듣든, 죽음을 눈앞에 두고 있든 다른 일들을 하고 있든, 전혀 아랑곳하지도 마라.

죽는다는 행위는 사실 사람의 일생을 구성하는 행위들 가운데 하나이다. 따라서 "현재의 것을 가장 잘 사용하는 것"은 죽는다는 행위를 위해서도 그것으로 충분하다.

> "현재의 것…" : 로마 속담인데 여기서는 반어법으로 사용되었다.

3

사물의 내면을 들여다보라. 어떠한 사물이든 그 내재적 특질도 그 가치도 간과하지 마라.

4

존재하는 모든 사물은 가장 빠른 속도로 변할 것이다. 모든 실체가 하나라는 것이 옳다면, 모든 것은 수증기가 되거나 흩어져 버릴 것이다.

5

우주를 지배하는 이성은 자기 자신의 기질이 무엇인지, 자신이 무엇을 하는지, 그리고 자신이 어떤 질료에게 작용하는지를 안다.

6

복수하는 가장 좋은 방법은 악행을 저지르는 자와 같이 되지 않는 것이다.

적으로부터 자신을 방어하는 가장 좋은 방법은 그와 똑같이 행동하지 않는 것이다.

7

오로지 한 가지 일만 즐기고 그것으로 만족하라. 즉 그것은 항상 신을 생각하면서 사회에 유익한 한 가지 행동으로부터 그와 같은 다른 행동으로 옮아가는 것이다.

8

지배원리는 스스로 깨어 일어나고, 스스로 수정하며, 자신이 원하는 대로 스스로 변모하고, 자신이 원하는 대로 모든 현상을 일으킨다.

9

모든 개별 사물은 우주의 본성이 원하는 범위 내에서 완성된다.

왜냐하면 개별 사물의 완성은 외부에서 우주의 본성을 이해하는 본성, 우주의 본성에 내포되어 그 안에서 이해되는 본성, 우주의 본성 밖에서 독자적으로 존재하는 본성 등과 같은 다른 본성에 따라 이루어질 수는 없기 때문이다.

10

우주는 사물들 또는 원자들의 혼돈과 서로 복잡하게 뒤얽히고 분산되는 것이거나, 그렇지 않으면 통일과 질서와 섭리이다.

우주가 만일 전자라면, 사물들의 우연한 결합체와 이와 같은 무질서 속에 내가 왜 더 오래 머물러 있기를 바라지 않으면 안 되는가? 어떻게 내가 어느 날 흙이 되어야 할 것인지를 아는 것 이외의 다른 것에 대해 내가 왜 염려를 하는가? 내가 무엇을 하든지 간에 나의 요소들은 흩어지고 말 것인데 나는 왜 근심하는가?

그러나 후자의 경우가 옳다면, 모든 것을 다스리는 그를 나는 공경하고 확고하게 지내며 그를 신뢰한다.

11

주위 여건에 짓눌려 마음이 산란해진다면, 즉시 너 자신 속으로 다시 들어가고, 필요 이상으로 부조화 상태에 머물러 있지 마라.

조화로운 상태로 계속해서 돌아간다면 너는 그러한 상태의 지배자로 항상 머물러 있게 될 것이다.

12

너에게 계모도 있고 어머니도 있다면, 너는 계모도 또한 잘 모시려고 하겠지만 항상 어머니에게 돌아갈 것이다.

이제 너에게는 궁정은 계모고 철학은 어머니다. 그러므로 철학을 자주 찾아가서 그 안에서 안식을 누려라.

왜냐하면 네가 궁정에서 보는 모든 것이 너에게 참아 줄 만한 것으로 보이고 너 자신도 궁정 사람들에게 참아 줄 만한 사람으로 보이는 것은 오로지 철학의 덕분이기 때문이다.

13

우리는 육류나 그 외의 음식이 우리 앞에 놓였을 때, 이것은 물고기의 죽은 몸이라든가, 저것은 새나 돼지의 죽은 몸이라고 생각한다.

그런가 하면, 팔레르니우스에서 생산된 포도주는 약간의 포도즙에 불과하다거나, 이 자주색 옷은 조개의 배설물로 염색한 양털이라든가, 성교란 신체기관의 접촉과 약간의 액체의 배출에 불과하다든가, 기타 이와 유사한 생각들을 하게 된다.

그러면 이러한 생각들이 사물의 근본을 다루고 그것을 투시하게 되어 우리는 사물들이 실제로 어떠한 것인지 알게 된다.

그러므로 우리는 이와 똑같은 방식으로 평생 동안 행동하지 않으면 안 된다. 다시 말하면, 우리의 인정을 가장 많이 받을 가치가 있다고 보이는 것들에 대해서 우리는 그것들의 실체를 폭로하고, 그것들의 무가치함과 비열함을 간파하며, 그것들이 획득한 찬사와 중요성을 모두 제거하지 않으면 안 된다.

왜냐하면 외관이나 허영은 이성을 가장 심하게 속이는 것이고, 어떤 것들은 네가 가장 많은 노력을 기울일 가치가 있는 듯이 보일 때 당연히 너를 가장 심하게 속이기 때문이다.

예를 들면, 크라테스가 크세노크라테스에 관해서 한 말을 잘 생각해 보라.

14

많은 사람들이 감탄하는 사물의 대부분은 가장 일반적인 종류의 사물들, 즉 돌과 목재처럼 응집력으로, 또는 무화과나무, 포도나무, 올리브나무처럼 자연적 조직력으로 유지되는 것들이다.

그러나 한층 더 이성적인 사람들이 감탄하는 사물들은 새나 짐승의 무리 또는 수많은 노예들처럼 생명의 원리로 유지되는 것, 즉 동물적 생명을 부여받은 것들이다.

위 두 종류의 사람들보다 한층 더 유식하거나 세련된 사람들이 감탄하는 사물들은 이성적 영혼의 지배를 받는 것들이다. 그런데 이 영혼은 순수한 합리성 때문에 이성적인 것이 아니라, 어떤 기술을 지니거나 다른 어떤 것에 전문적이기 때문에, 또는 단순히 많은 노예들을 거느리고 있기 때문에 이성적인 것이다.

그래서 이성적 영혼, 순수한 합리성을 구비하고 정치적, 사회적 생활에 적합한 영혼을 존중하는 사람은 이것 이외의 다른 것은 거들떠보지 않는다.

그는 무엇보다도 자신의 이성적 영혼을 이성과 사회생활에 부응하는 상태와 활동 안에 보존하는 일을 추구하고, 이러한 목적을 달성하기 위해 자기와 같은 종류의 사람들과 협조한다.

15

어떤 것들은 사물의 세계에 들어가려고 애쓰고 어떤 것들은 거기서 서둘러 나가려고 애쓴다. 사물의 세계에 들어오고 있는 것들도 그 일부는 이미 소멸되었다.

시간의 중단되지 않은 흐름이 무한히 지속되는 영원을 항상 새롭게 만들듯이, 바로 이러한 흐름과 변화가 세상을 끊임없이 새롭게 만든다.

이 흐름 속에서는 아무것도 정지해 있을 수 없다.

그러면 빨리 지나가는 사물들 가운데 어떤 것이 이 흐름 속에서 많은 가치를 부여받을 수가 있겠는가? 이것은 마치 날아가는 것이 보이지만 금세 시야에서 사라져 버린 참새들 가운데 한 마리를 사랑하는 것과 똑같을 것이다.

우리 각자의 인생 자체는 피의 방출과 공기의 호흡 이외에 아무것도 아니다. 왜냐하면 매순간 우리가 숨을 들이쉬고 내쉬는 단순한 동작은 어제나 그제 네가 태어날 때 받았던 것에 불과한 너의 모든 호흡 능력을 바로 그것의 원천에게 한꺼번에 되돌려 주는 것과 마찬가지이기 때문이다.

16

가치 있는 것이란 식물처럼 발산 작용을 하는 것도, 가축과 야생 동물들처럼 호흡하는 것도, 사물의 외관에서 인상을 받는 것도, 실에 조종되는 인형처럼 욕망에 조종되는 것도, 새나 짐승처럼 떼를 지어 사는 것도, 음식으로 부양되는 것도 아니다. 음식으로 부양되는 것은 자기에게 불필요한 음식을 없애는 것과 마찬가지다.

그렇다면 무엇이 가치 있는 것인가?

우레 같은 박수갈채를 받는 일인가? 결코 아니다. 사람들이 혀를 놀려서 바치는 찬사인가? 많은 사람의 찬사란 혀가 움직이는 동작에 불과하다. 그러면 명성이라고 불리는 무가치한 것을 너는 버렸는가?

그렇다면 무엇이 가치 있는 것, 중요한 것으로 남아 있는가?

내가 보기에는 각자의 고유한 기질에 부합하는 행동과 태도가 그것이다. 이것은 모든 일과 기술이 추구하는 목적이다. 왜냐하면 모든 기술의 목적은 어떤 목적을 위해 만들어진 사물이 그 목적에 부응하도록 하는 것이기 때문이다. 또한 포도나무를 심고 돌보는 사람도, 말을 길들이는 사람도, 개를 훈련시키는 사람도 이러한 목적을 추구한다.

그러면 어린이나 젊은이들의 교육과 훈련은 무슨 목적이 있는가? 그러한 교육과 훈련의 가치는 바로 그 목적 안에 들어 있다. 이것을 잘 달성한다면 너는 다른 것을 추구하려고 해서는 안 될 것이다.

그러나 만일 다른 많은 것들을 가치 있다고 여긴다면, 너는 자유롭지도 않고, 독립심이 강하지도 않으며, 스스로 행복해질 능력도 충분치 않고, 격정을 벗어나 초연하지도 못하다.

왜냐하면 너는 네가 가치 있다고 여기는 것들을 빼앗아 갈 수 있는 사람들을 불가피하게 시샘하고 질투하며 의심하지 않을 수 없고, 또한 그러한 것들을 가지고 있는 사람들을 해치려고 음모하지 않을 수 없기 때문이다.

그러한 것들 가운데 하나라도 결핍된 사람은 필연적으로 근심에 싸이지 않을 수 없고, 게다가 신들을 자주 원망하지 않을 수 없게 된다.

반면에 너 자신의 정신을 존중하고 가치 있게 여긴다면 너는 자기 자신에 대해 만족하고, 사회생활에 잘 적응하며, 신들과 완전한 조화를 이룰 것이다. 다시 말하면, 신들이 너에게 어떠한 운명을 할당하기로 결정했든지 간에 너는 그것을 받아들일 준비가 되어 있을 것이다.

17

요소들은 위로, 아래로, 그리고 원을 그리며 움직인다.

그러나 미덕의 움직임은 이러한 방향들을 전혀 따르지 않고, 한층 더 신성한 어떤 것이며, 알아보기 힘든 길을 따라 전진하면서 행복하게 자신의 코스를 완주한다.

18

사람들의 행동은 얼마나 이상한가!

그들은 자기와 동시대에, 그리고 자기와 함께 살고 있는 사람들은 칭찬하기를 원하지 않는 반면에, 자기가 본 적도 없고 앞으로 볼 수도 없는 사람들, 즉 후세 사람들에게 자기 자신이 칭송받는 것을 가장 중요하다고 여긴다.

그러나 이것은 너보다 먼저 살다가 떠난 사람들이 너를 칭송하지 않았다는 이유로 네가 비탄에 잠겨야만 한다는 것과 거의 똑같다.

19

어떤 것이 네게 달성하기 어려운 것인 경우, 그것이 사람에게 불가능한 것이라고 즉시 생각하지는 마라.

오히려 어떤 것이 사람에게 가능하고 또한 사람의 본성에 부합하는 것인 경우, 그것은 너도 달성할 수 있는 것이라고 생각하라.

20

체육훈련을 받을 때 어떤 사람이 손톱으로 너를 할퀴거나 네 머리에 부딪쳐서 다치게 할 수도 있다. 그런 경우에 우리는 분노의 기색도 드러내지 않고, 모욕을 받았다고 생각하지도 않으며, 그 이후로 그가 음모를 꾸미려고 할 것이라고 의심하지도 않는다.

물론 그러면서도 우리는 그를 경계한다. 그러나 그를 적으로 보아서도 아니고 그를 불신해서도 아니다. 다만 우리는 그와 충돌하지 않도록 조용히 그를 피하는 것이다.

우리는 생활의 다른 모든 측면에서도 이와 똑같이 처신하지 않으면 안 된다. 즉 체육훈련의 상대방과 같은 사람들이 우리에게 초래하는 많은 성가신 일들을 간과해 버리자.

왜냐하면 내가 이미 말한 바와 같이 불신도 증오도 없이 충돌하지 않도록 피하는 것이 가능하기 때문이다.

21

나의 생각이나 행동이 올바르지 않다고 입증하면서 나를 설득할 수 있는 사람이 있다면, 나는 기꺼이 나의 생각이나 행동을 바꿀 것이다.

왜냐하면 내가 찾고 있는 것은 진실이기 때문이다.

그런데 진실로부터는 아무도 피해를 입은 적이 없는 반면, 자신의 잘못과 무지를 고집하고 버리지 않는 사람은 피해를 입는다.

22

나는 나의 의무를 수행한다.

다른 것들은 나의 주의를 다른 데로 돌리게 할 수 없다.

왜냐하면 그것들은 생명이 없거나, 이성이 없거나, 또는 올바른 길을 모르고 방황하는 것이기 때문이다.

23

이성이 없는 동물들 그리고 일반적으로 모든 사물과 대상에 대해서는, 이성을 부여받은 사람이 이성이 없는 것에 대해 으레 하듯이, 풍족하고 자유롭게 이용하라.

반면에 이성적 동물인 사람들에 대해서는 네가 속한 사회에 그들도 속해 있는 만큼 사교적 정신으로 대하라.

그리고 모든 경우에 있어서 신들에게 도움을 호소하라.

이러한 삶을 살아가는 기간이 너에게 얼마나 허용되는지에 대해서는 염려할 필요가 없다. 왜냐하면 네가 이렇게 살기만 한다면, 세 시간도 충분하기 때문이다.

24

마케도니아 사람 알렉산드로스와 그의 마부는 죽은 뒤에 동일한 상태에 놓이게 되었다. 즉 그들은 우주의 발생 원리들 사이에 똑같이 흡수되었거나, 아니면 원자들 사이에 똑같이 흩어진 것이다.

> ✎ 알렉산드로스 : 알렉산더 대왕을 가리킨다.

25

육체에 관련된 현상들과 영혼에 관련된 현상들이 얼마나 많이 한 순간에 동시에 우리 각자 안에서 일어나는지 생각해 보라.

그러면 그보다 훨씬 더 많은 현상들, 아니, 모든 현상들이 우리가 우주라고 부르는, 하나이면서 모든 것인 그 존재 안에서 동시에 일어난다고 해서 너는 놀랄 필요가 없을 것이다.

26

어떤 사람이 너에게 안토니누스라는 이름을 어떻게 쓰는지 물으면 너는 각 음절을 고함칠 것인가? 그래서 그가 너에게 화를 낸다면 너도 화를 그에게 낼 것인가? 아니면, 침착한 태도를 잃지 않은 채 그 이름의 철자들을 하나씩 차례대로 뚜렷하게 발음하지 않겠는가?

그러면 각 의무마다 일정한 수효의 연속적 행동들로 이루어진다는 사실을 이제 현실에서 똑같은 방식으로 기억하라.

그리고 너는 이러한 연속적 행동들을 이행하고, 마음이 산란해지지 않은 채, 또는 너에게 화내는 사람들에게 화난 기색을 드러내 보이지 않은 채 너의 길을 가며, 네 앞에 놓인 일들을 조직적으로 완전히 처리하지 않으면 안 된다.

27

자신에게 유익하고 자신의 본성에도 적합하다고 보이는 것들을 사람들이 추구하는 것을 허락하지 않는 것은 얼마나 잔인한가! 그러나 그들이 너에게 잘못을 저질렀다는 이유로 네가 화를 낼 때마다, 너는 어떤 의미에서는 그들이 그러한 것들을 추구하는 것을 허락하지 않는다.

사실 그들은 어떤 것들이 자신에게 유익하고 자신의 본성에도 적합하다고 여기기 때문에 그러한 것들을 향해서 분명히 끌리고 있다.

"그러나 그러한 것들이 유익하고 적합한 것은 아니다!"라고 너는 말한다.

그렇다면 그들을 잘 가르치고, 화내지 않은 채, 그러한 것들이 실제로 어떠한 것인지를 그들에게 깨우쳐 주라.

28

죽음이란 감각들을 통한 느낌들, 욕망을 움직이는 줄들이 잡아당기는 작용, 생각들의 산만한 움직임들, 노예처럼 육체를 섬기는 상태 등의 종료 또는 제거이다.

29

현세에서 육체가 굴복하지 않고 저항할 힘을 아직 가지고 있을 때, 영혼이 제일 먼저 굴복한다는 것은 수치스러운 일이다.

30

황제가 되지 않도록, 그리고 그 더러움에 물들지 않도록 조심하라. 왜냐하면 그렇게 더러움에 물드는 일들이 일어나기 때문이다.

그러니까 너는 단순하고 소박한 사람, 선하고 정직한 사람, 순수한 사람, 신중한 사람, 허세를 부리지 않고 솔직한 사람, 정의를 사랑하는 사람, 신들을 숭배하고 경건한 사람, 친절하고 자비로운 사람, 자애로운 사람, 모든 올바른 행동에서 분투하는 사람, 확고한 결의로 의무를 완수하는 사람으로 항상 머물러 있어라.

철학이 너를 어떤 인물로 만들어 주기를 원했는데 너는 그러한 인물로 계속해서 머물러 있도록 노력하라.

신들을 공경하고 사람들을 구제하라.

인생은 짧다.

이 지상생활의 유일한 결실은 신성한 법을 준수하는 경건한 기질, 그리고 공공의 이익을 추구하는 사회적 행동들이다.

안토니누스의 제자로서 모든 일을 하라.

모든 행동을 이성에 맞게 하려고 항상 기울인 그의 노력, 모든 일에 있어서 그가 보여 준 공정성, 그의 종교적 경건함, 그의 안색의 평온함, 그의 온화함, 헛된 명성에 대한 그의 무시, 허세를 전혀 부리지 않은 그의 태도, 사물들을 이해하고 싶어 하는 그의 집요한 자세를 기억하라.

그가 어떠한 논쟁에 대해서도 자신이 먼저 가장 면밀하고 정확하게 검토하고 명확하게 이해하지 않는 한 결코 지나쳐 버리지 않았다는 것도 너는 기억하라.

그리고 자기를 부당하게 비난하는 자들에 대해 그들을 거꾸로 비난하는 일이 없이 그가 얼마나 잘 참아 주었는지도 기억하라.

그가 성급하게 행동하는 일이 결코 없었다는 것도 기억하라. 그가 비방의 말에는 결코 귀를 기울이지 않았고, 사람들의 태도와 행동을 얼마나 정확하게 판단할 줄 알았는지도 기억하라.

그가 사람들을 책망하지도 않았고 두려워하지도 않았으며 의심하지도 않았고 궤변철학자도 아니었다는 것도 기억하라.

숙소, 침대, 옷, 음식, 하인들의 시중들기 등에 관해 그가 얼마나 적은 것으로 만족했는지도 기억하라. 그가 얼마나 열심히 일했고 또 얼마나 끈기 있었는지도 기억하라.

그가 검소한 식사 덕분에 저녁때까지 자기 자리에 머물러 있을 수 있었고 심지어는 평소에 정해진 시간이 아니면 배설마저 할 필요가 없었다는 것도 기억하라.

그가 우정을 확고하게, 항구여일하게 보존했다는 것도 기억하라. 그가 자기 의견에 반대하는 사람들에게 언론의 자유를 얼마나 많이 허용했는지, 누군가가 자기 의견보다 더 좋은 의견을 제시하면 그가 얼마나 기뻐했는지도 기억하라.

미신에 빠지지 않은 채 그가 얼마나 경건했는지도 기억하라.

너의 마지막 시간이 닥칠 때 그의 경우와 마찬가지로 너도 편안한 양심을 지니도록 하기 위해 이 모든 것을 본받아라.

> 🖉 안토니누스 : 저자의 양부이자 황제인 안토니누스 피우스를 가리킨다.

31

깨어 있는 너의 감각들에게 돌아가고 너 자신을 다시 불러오며 잠을 다시 흩어 버려라.

그리고 너를 괴롭히던 것들이 꿈에 불과하다고 확신하라.

또한 잠에서 다시 깨어났을 때, 네 주위의 사물들을 네가 꿈속에서 이미 본 것과 마찬가지로 그렇게 이제는 생시에 바라보라.

32

나는 작은 육체와 영혼으로 구성되어 있다.

이 작은 육체에게는 모든 사물이 무관한 것이다. 왜냐하면 육체는 사물들의 차이를 전혀 인식할 수 없기 때문이다.

반면에 정신에게는 그것의 고유한 작용의 산물이 아닌 모든 것만이 무관하다.

그러나 정신의 고유한 작용의 산물은 모두 정신의 지배를 받는데, 그것도 현재와 관련하여 정신이 작용해서 생긴 산물들만이 그러하다.

왜냐하면 미래와 과거의 정신의 작용은 현재 순간에 정신에게 무관하기 때문이다.

33

발이 발의 기능을 수행하고 손이 손의 기능을 수행하는 한, 발의 노동도 손의 노동도 자연을 거스르는 것이 아니다.

이와 같이 사람의 고유한 기능을 수행하는 한, 사람의 노동도 자연을 거스르는 것이 아니다. 사람의 노동이 그에게 있어서 자연을 거스르는 것이 아니라면, 그에게 해로운 것도 아니다.

34

얼마나 엄청나게 많은 쾌락이 범죄자들, 방탕아들, 강도들, 친부 살해자들, 폭군들에 의해 향유되면서 그들을 시험해 왔던가!

35

손재주를 가지고 일하는 기술자들은 그러한 기술이 없는 사람들의 구미를 어느 정도까지는 맞추어 주면서 일하지만, 자기의 기술의 원리에는 항상 집착하고 그것을 도저히 멀리할 수 없는데, 너는 이것을 이해하지 못하는가?

그러면 사람이 자기와 신들에게 공통되는 자기 자신의 원리, 즉 이성을 존중하는 정도보다도 건축가와 의사가 자기의 기술의 원리를 존중하는 정도가 더 심하다면, 그것은 이상한 일이 아니겠는가?

36

아시아와 유럽은 우주의 한 구석들이다. 바다 전체는 우주 안에 있는 물 한 방울이다. 아토스 산은 우주의 작은 흙덩어리 하나에 불과하다.

현재의 모든 시간은 영원 안에서 한 점이다.

모든 사물은 작고 가변적이고 소멸될 수 있는 것이다. 모든 사물은 보편적 지배력, 즉 공동의 지배원리로부터 나오는데, 직접 나오거나 아니면 그것의 2차적 결과로서 나온다.

그러므로 크게 벌려진 사자의 턱뼈들, 독을 품은 것들, 그리고 가시나 점액처럼 해로운 모든 사물들도 저 위대하고 아름다운 원리들의 부산물이다.

따라서 이러한 것들이 네가 존중하는 것과 다른 종류의 것, 또는 무관한 것이라고 생각하지 말고, 모든 것의 원천에 관해 올바르게 생각하라.

> ✎ 아토스(Athos) 산 : 그리스의 칼키디케 지방의 악테 반도 끝에 위치한, 높이 2,130미터의 산이다. 기원전 480년에 그리스에 쳐들어간 페르시아의 왕 크세르크세스는 이곳을 관통하는 운하를 판 적이 있다.

37

현재 존재하는 사물들을 본 사람은 모든 사물을, 즉 과거로 영원히 거슬러 올라가서 존재했던 모든 사물과 앞으로 영원히 이어질 시간 속에 존재할 모든 사물을 본 것이다.

왜냐하면 모든 사물은 같은 종류와 같은 형상에 속하기 때문이다.

38

모든 사물이 우주 안에서 이루는 연쇄와 그 상호관계를 자주 생각해 보라. 왜냐하면 모든 것은 어떤 의미에서 서로 얽혀 있고, 이러한 방식으로 서로 긴밀한 유대를 맺고 있기 때문이다.

사실 한 사물이 다른 사물의 뒤를 이어서 차례로 생겨나는데, 이것은 그것들의 활발한 움직임, 상호협력 그리고 질료의 결합 때문이다.

39

너에게 운명과 함께 부여된 사물들에게 너 자신을 적응시켜라.

또한 네가 운명적으로 함께 살아가야만 할 사람들을 사랑하라. 진실로 성실하게 사랑하라.

40

모든 기계, 도구, 그릇은 그것이 만들어진 목적에 맞는 기능을 발휘한다면, 제작자가 그것 안에 있지 않고 멀리 떨어져 있다고 해도, 각각 제대로 잘 유지될 수 있다.

반면에 자연의 원리의 지배를 받아서 결합되고 유지되는 사물들의 경우에는 그것을 만든 힘이 그것 안에 계속해서 내재하고 있다.

그러므로 너는 그 힘을 한층 더 존중할 뿐만 아니라, 만일 네가 그것이 원하는 대로 계속해서 살고 행동한다면 모든 것이 너의 계획들을 따를 것이라고 확신하지 않으면 안 된다.

또한 이와 마찬가지로, 그 힘에 속하는 모든 사물은 우주 안에서 그 힘의 계획들을 따른다.

41

너의 의지력이나 힘이 미치지 못하는 것들에 대해 아무리 네가 그것이 네게 유익하다거나 해롭다고 생각한다 해도, 해롭다고 여겨지는 것이 네게 닥치거나 유익하다고 여겨지는 것을 잃는 경우, 너는 불가피하게 신들을 원망할 뿐만 아니라 다른 사람들, 즉 너의 불운이나 상실의 원인이 되는 사람들, 또는 그러한 원인이라고 의심받는 사람들을 미워하게 될 것이다.

그리고 사실 우리는 부당한 짓을 많이 저지른다. 왜냐하면 우리가 이러한 것들에 대해서 초연하지 못하고 그것들 사이에 차별을 두기 때문이다.

그러나 만일 우리가 우리의 의지력이나 힘이 미치는 것들에 대해서만 그것이 우리에게 유익하다거나 해롭다고 판단한다면, 신들을 원망할 이유도, 다른 사람들에게 적대적인 태도를 취할 이유도 더 이상 없다.

42

우리는 모두 한 가지 목적을 위해 함께 일하고 있는데, 어떤 사람들은 그 목적을 알고 계획에 따라 현명하게 일하는 반면에, 어떤 사람들은 자기가 무엇을 하는지도 모르고 있다.

후자의 경우는, 내 생각에는 헤라클레이토스가 한 말이라고 보는데, "잠을 자면서도 그들은 우주에서 일어나는 모든 것을 위해 일하고 그것에 기여한다."고 하는 말에 해당된다.

이러한 협력은 사람마다 그 방식이 서로 다르다.

심지어는 자기에게 닥치는 일에 대해 항상 불평하고 그것을 방해하거나 좌절시키려고 애쓰는 사람들마저도 많이 협력한다. 왜냐하면 우주는 이러한 종류의 사람들마저도 필요하기 때문이다.

어떤 종류의 사람들 사이에 너 자신이 속할는지는 전적으로 네가 선택할 문제다. 왜냐하면 우주를 지배하는 그는 너를 올바르게 잘

활용할 줄을 분명히 알 것이며, 이러한 협력자들 또는 저러한 협력
자들의 무리에 너를 받아들일 것이기 때문이다.

그러나 크리시포스가 언급한 저 어리석고 어처구니없는 연극 대
사의 상태에 네가 놓이지 않도록 조심하라.

> 🐚 **크리스포스**(Chrysippos) : 그리스의 솔리(Soli) 출신으로 대표적
> 스토아학파 철학자 가운데 하나(280-207 B.C.)이다. 연극 대사는
> 플루타르코스가 지은 "스토아학파에 대한 반박"에 들어 있다.

43

혹시라도 태양의 신이 비의 신의 역할을 하려고 하겠는가? 아이
스쿨라피우스가 결실을 주는 여신의 역할을 하려고 하겠는가? 그
러면 별 하나하나에 대해 무엇이라고 말하겠는가? 그것들은 서로
다르지만 동일한 목적을 위해 협력해서 일하고 있지 않은가?

> 🐚 **아이스쿨라피우스**(Aesculapius) : 아폴로의 아들로서 의술의 신
> 이다.
> 🐚 **결실을 주는 여신** : 그리스 신화에서 추수의 여신 데메테르
> (Demeter)를 가리키는데, 로마 신화의 케레스(Ceres)에 해당한다.

44

만일 신들이 나에 관해서, 그리고 나에게 반드시 일어나야만 할

일들, 즉 나의 운명에 관해서 결정을 내렸다면, 그들은 잘된 결정을 내렸다. 왜냐하면 앞을 내다보지 못하는 무분별한 신이란 상상도 할 수 없기 때문이다.

게다가 그들이 나를 해치려고 했다면, 무슨 동기에서 그렇게 해야만 했겠는가? 그렇게 하는 것이 그 자체로서, 또는 그들에게 무슨 이익이 되는가? 그들은 전체의 공동의 이익을 제공하기 위해 특별히 보살피는데, 나를 해치는 것이 그 전체에게 무슨 이익이 되는가?

그러면 만일 그들이 나에 관해서 개별적으로 결정을 내리지 않았다면, 적어도 전체의 공동의 이익에 관해서는 결정을 내렸다. 그러면 이 일반적인 조치의 결과로 일어나는 것들을 나는 기꺼이 받아들이고 그것들에 대해 만족하지 않으면 안 된다.

한편 그들이 아무것도 결정하지 않았다고 믿는다면 그것은 불경스러운 짓이다. 그러나 그렇게 믿는다면 우리는, 신들이 존재하고 우리 사이에 살아 있다고 확신하기 때문에 우리가 하는 모든 행동, 즉 제물을 바치거나 기도하거나 맹세하거나, 종교예식들을 거행하거나 할 의무가 더 이상 없게 될 것이다.

어쨌든 나와 관련되는 것들에 관해서 신들이 아무런 결정도 내리지 않았다면, 나는 나 자신에 관해서 결정할 수가 있고 나에게 실제로 유익한 것들을 추구할 수도 있다. 그리고 각 개인에게 유익한 것이란 그의 기질과 그의 본성과 조화를 이루는 것이다.

그런데 나의 본성은 이성적이고 사회적인 동물의 본성이다. 내가 안토니누스라는 관점에서 본다면 나의 도시와 조국은 로마다. 그러나 내가 인간이라는 관점에서 본다면 나의 도시와 조국은 온 세상이다. 나에게 유익한 것이란 오로지 이 두 도시에게 유익한 것뿐이다.

45

각 개인에게 닥치는 모든 것은 전체에게 유익하다. 이것으로 이미 충분할 것이다. 그러나 네가 잘 관찰한다면, 한 사람에게 유익한 것은 무엇이나 다른 모든 사람들에게도 유익하다는 것도 알게 될 것이다.

그런데 여기서 유익하다고 하는 용어는 건전한 상식으로 알아들어야만 한다. 즉 좋은 것도 아니고 나쁜 것도 아닌, 무관한 사물들에게 적용하는 말과도 같은 것이다.

46

원형 경기장과 이와 유사한 다른 장소들에서 네가 동일한 장면을 항상 본다면, 너는 그것을 귀찮게 여기게 되고, 그 획일성은 구경거리를 지루한 것으로 만들 것이다.

너는 일생 전체에 있어서도 이와 마찬가지라고 생각하지 않으면 안 된다. 왜냐하면 맨 꼭대기부터 맨 아래 밑바닥에 이르기까지 모든 것은 언제나 똑같은 것이고, 동일한 원인들로부터 항상 나오기 때문이다.

그러면 언제까지 이러한 상태가 계속될 것인가?

47

모든 종류, 모든 계층, 모든 민족의 얼마나 많은 사람들이 이미 죽었는지 항상 생각하라. 그리하여 너의 생각이 아래로 필리스티온, 포에부스, 오리가니온에 이르도록 하라.

그 다음에는 다른 종류의 사람들을 생각하라.

그러면 우리는 불가피하게 한 장소로 이동해야만 하는데, 그곳에는 무수한 유능한 웅변가들이 있는가 하면, 헤라클레이토스, 피타고라스, 소크라테스를 비롯한 무수한 고상한 철학자들이 있고, 그들보다 앞선 무수한 영웅들과 그들 뒤에 나타난 무수한 장군들과 폭군들이 있다. 그 외에도 에우독소스, 히파르코스, 아르키메데스를 비롯하여 선천적 재능이 출중한 다른 사람들, 도량이 큰 사람들, 노력가들, 다재다능한 사람들, 오만한 사람들, 메니포스와 그와 유사한 사람들처럼 유한하고 덧없는 인생마저 조롱하던 사람들이 거기 있다.

이 모든 사람들에 대해 너는 그들이 이미 오래전에 죽어서 먼지

속에 있다고 생각하라. 그러면 그들이, 그리고 이름조차 남기지 못한 사람들이 이것에 대해 두려워할 것이 무엇이 있겠는가?

심각하게 고려할 가치가 있는 것은 오로지 한 가지뿐이다. 그것은 심지어 거짓말쟁이들과 불의한 자들을 대할 때마저도 너그러운 성품을 지닌 채, 항상 진리와 정의에 따라서 살아가는 것이다.

> ☙ 필리스티온(Philistion), 포에부스(Phoebus), 오리가니온
> (Origanion) : 누구를 가리키는지 불확실하다.
> ☙ 에우독소스(Eudoxos) : 소아시아의 크니도스(Cnidos) 출신(390-
> 340 B.C.)으로 수학자, 천문학자, 지리학자이다.
> ☙ 히파르코스(Hipparchos) : 니케아(Nicea) 출신(190-125 B.C.)으
> 로 수학자, 천문학자, 지리학자이다.
> ☙ 메니포스(Menippos) : 가다라(Gadara) 출신으로 견유학파 철학
> 자 메트로클레스(Metrocles)의 제자이며, 기원전 3세기 전반에
> 활동한 희극작가이다.

48

너는 스스로 즐거워지기를 바랄 때마다 너와 함께 사는 다른 사람들의 미덕들을 생각해 보라.

예를 들면, 첫 번째 사람의 활력, 두 번째 사람의 신중함, 세 번째 사람의 관대함, 네 번째 사람의 다른 미덕 등이다.

사실 우리와 함께 사는 사람들의 성품 안에서 빛나는 미덕들의

모범만큼, 그리고 그 미덕들이 가능한 한 많이 한꺼번에 드러날 때
만큼 우리의 마음을 기쁘게 해주는 것은 없다.

그러므로 우리는 이러한 모범들을 항상 생각하고 있지 않으면 안
된다.

49

너는 몸무게가 많이 나가기는 해도 150킬로까지는 되지 않는다
고 해서 불만을 품지는 않을 것이다.

이와 똑같은 논리로 생각해 본다면, 너에게 일정한 수명이 주어
지고 그 이상은 주어지지 않았다고 해서 불만을 품을 이유는 하나
도 없다.

네가 네게 할당된 사물의 분량에 만족하는 것과 마찬가지로, 너
에게 주어진 시간에 대해서도 만족하라.

50

다른 사람들을 설득하려고 노력하라. 그러나 정의의 원칙이 그
들의 뜻에 거슬러서 네가 행동하기를 요구한다면, 그때마다 너는
그렇게 행동하라.

그러나 만일 어떤 사람이 힘을 사용해서 너를 방해한다면, 너는

만족과 평온함을 유지하는 한편, 그와 동시에 다른 어떤 미덕을 연마하는 기회로 그러한 방해를 이용하라.

그리고 너는 주위 여건의 제약을 받았고 불가능한 것은 바라지 않았다는 사실을 기억하라.

그러면 너의 목적은 무엇이었던가?

"어떤 방향으로 움직이는 것이었다."

그것은 이미 얻어진 결과다. 우리에게 제시된 너의 목적은 달성되었다.

51

명성을 사랑하는 사람은 다른 사람의 행동을 자신의 이익이라고 생각한다.

쾌락을 사랑하는 사람은 자신의 감각을 자신의 이익이라고 생각한다.

그러나 판단력을 구비한 사람은 자신의 행동이 자신의 이익이라고 생각하다.

52

어떤 사물에 대해 아무런 판단도 내리지 않고, 그리하여 마음이 전혀 흔들리지 않는 것은 가능하다.

왜냐하면 사물들 자체에는 우리의 판단을 형성하는 자연적 능력이 없기 때문이다.

53

다른 사람들이 하는 말을 주의 깊게 듣는 습관을 길러라.

그리고 너에게 말하고 있는 상대방의 마음속으로 가능한 한 깊이 침투하라.

54

벌떼에게 유익하지 않은 것은 벌에게도 유익하지 않다.

55

선원들이 배를 조종하는 키잡이를 비난하거나 환자가 의사를 비난한다면, 그들은 다른 사람에게 기대를 걸고 있다는 말인가?

그러면 전자의 경우 키잡이는 배에 실린 것들을 어떻게 안전하게 구조하고, 후자의 경우 의사는 자기가 돌보는 환자들을 어떻게 치유할 수가 있겠는가?

56

나와 함께 이 세상에 태어난 사람들 가운데 얼마나 많은 사람들이 이 세상에서 이미 떠나갔는가!

57

황달병에 걸린 사람은 꿀의 맛이 쓰다고 느끼고, 미친개에게 물려 광견병에 걸린 사람은 물을 두려워하며, 어린애는 공을 매우 좋은 것이라고 여긴다.

그러면 나는 왜 화를 내는가?

너는 그릇된 판단이 미치는 영향력이 황달병에 걸린 사람에 대한 담즙의 영향력이나 미친개에게 물린 사람에 대한 독소의 영향력보다 더 적다고 생각하는가?

58

아무도 네가 자신의 본성의 원리에 따라 사는 것을 방해할 수 없을 것이다.

우주의 본성의 원리에 어긋나는 것은 아무것도 너에게 닥칠 수가 없을 것이다.

59

사람들이 비위를 맞추어 주려고 하는 그 상대방들은 어떤 종류의 사람들인가? 어떠한 결과를 얻기 위해서, 또 어떠한 행동으로 비위를 맞추어 주려고 한단 말인가!

시간은 얼마나 빠른 속도로 모든 것을 덮어 버릴 것인가! 또한 시간은 이미 얼마나 많은 것을 덮어 버렸던가!

제 *7* 권

1

사악함이란 무엇인가? 그것은 네가 자주 보아 온 것이다. 어떠한 일이 닥치든지 너는 그것이 네가 자주 보아 온 것이라는 사실을 항상 명심하라.

한마디로, 가장 높은 곳에서 가장 낮은 곳에 이르기까지 어디서나 너는 똑같은 것들, 즉 고대와 중세와 우리 시대의 역사들을 가득 채운 것들을 발견할 것이다. 이 똑같은 것들이 지금도 도시들과 집들을 가득 채우고 있다.

새로운 것은 하나도 없다. 모든 것은 반복되고 잠깐 사이에 지나가 버린다.

2

너의 원리들은 살아 있다. 그 원리들에 상응하는 생각들이 소멸되지 않는 한, 그것들이 어떠한 이유로 죽을 수가 있겠는가? 그러나 이 생각들을 계속해서 왕성하게 유지하는 것은 전적으로 너에게 달려 있다.

"내가 어떤 것에 대해 판단을 내려야만 한다면, 나는 그러한 판단을 내릴 수 있다. 그러한 판단을 내가 내릴 수 있다면, 나는 왜 마음이 산란해지겠는가? 외부의 사물은 나의 마음과 전혀 아무런 관련도 없는 것이다."

이것을 너는 배워라. 그러면 똑바로 서 있게 된다.

너의 삶을 회복하는 것은 전적으로 너에게 달려 있다.

네가 과거에 사물들을 보는 법을 배운 것처럼, 이제 사물들을 새롭게 보는 법을 배워라. 왜냐하면 사물들을 새롭게 보는 것이 너의 삶을 회복하는 것이기 때문이다.

3

개선행렬의 헛된 쇼, 무대에서 공연되는 연극, 양떼, 가축의 무리, 창술 연습이나 결투, 개들에게 던져진 뼈다귀, 물고기들이 노는 연못에 던져진 작은 빵 조각, 개미들의 중노동과 고생, 공포에 질린 생쥐들이 어리석게도 이리저리 달려가는 꼴, 줄에 매여 조종되는 꼭두각시들 등은 모두 마찬가지의 것이다.

그러므로 너는 이러한 것들을 오만한 태도로 불쾌하게 여길 것이 아니라 너그럽고 유쾌한 마음으로 바라보아야만 한다.

또한 사람은 누구나 자기가 관심을 기울이고 몰두하는 그 사물들의 가치와 똑같은 가치가 있다는 사실도 깨달아야만 한다.

4

너는 말을 할 때 자기가 무슨 말을 하고 있는지 한마디 한마디에 주의를 기울여야만 한다. 이것은 마치 행동을 결정할 때마다 그 결과에 주목하지 않으면 안 되는 것과 마찬가지이다.

후자의 경우에는 그 행동의 목적이 무엇인지, 그리고 전자의 경우에는 그 말이 무엇을 의미하는지 즉시 파악해야만 한다.

5

나의 이해력은 이 일을 처리하기 위해 충분한가? 아니면 불충분한가?

만일 충분하다면, 나는 우주의 본성이 제공해 준 도구로서 이것을 나의 일을 위해 사용할 것이다.

반면에 불충분하다면, 내가 선택할 길은 아래 두 가지 가운데 하나이다.

첫째, 내가 그 일에서 손을 뗀 다음에 나보다 그것을 더 잘 처리할 수 있는 사람에게 그 일을 맡기는 것이다. 물론 그에게 그 일을 맡겨서는 안 되는 이유가 있을 때에는 그러하지 아니한다. 그리고 다른 사람에게 일을 맡겨도 그 일에 대한 책임은 여전히 나에게 있다.

둘째, 나의 지배원리의 지도 아래 공공의 이익에 적합하고 유익한 일을 할 수 있는 사람을 내 곁에 두고 그의 도움을 받아가면서 내가 능력이 미치는 대로 최선을 다해서 일하는 것이다.

왜냐하면 나의 모든 행동은, 내가 직접 할 수 있는 것이든 또는 다른 사람의 도움을 받아서 할 수 있는 것이든, 오로지 한 가지 목적, 즉 그것이 공공의 이익에 유익하고 적합한 것이 되어야만 한다는 목적만 추구하지 않으면 안 되기 때문이다.

6

얼마나 많은 사람들이 한때 명성을 떨치다가 곧 망각되었던가!

또한 얼마나 많은 사람들이 다른 사람들의 명성을 칭송하다가 이미 오래전에 사라지고 말았던가!

7

남의 도움을 받기를 부끄럽게 여기지 마라.

왜냐하면 도시를 포위하고 성벽을 공격하는 군인과 마찬가지로 너는 너의 의무를 완수하지 않으면 안 되기 때문이다.

네가 다리를 절기 때문에 혼자 힘으로는 성벽 꼭대기까지 사다리를 타고 올라갈 수 없지만, 다른 사람의 도움을 받으면 올라갈 수 있는 경우라면, 너는 어떻게 행동하겠는가?

8

장차 닥칠 일들에 관해서 걱정하지 마라.

왜냐하면 네가 그 일들을 겪어야만 한다면 너는 겪을 것이며, 현재의 일들에 대해서 네가 사용하고 있는 이성과 똑같은 이성을 여전히 너는 지니고 있을 것이기 때문이다.

9

모든 사물은 서로 연결되어 있고 그 유대는 신성하다. 즉 사람과 관련이 없는 사물은 하나도 없다고 말할 수 있다.

왜냐하면 모든 사물은 유기적으로 결합되어 있으며, 우주의 질서 자체를 형성하기 위해 다 함께 협력하기 때문이다.

사실 모든 사물의 질서로 구성된 우주는 하나뿐이고, 모든 사물에 침투하는 신도 하나뿐이며, 실체도 하나뿐이고, 원리도 하나뿐이고, 모든 생각하는 동물들, 즉 이성적 동물들에게 공통된 이성도 하나뿐이다.

그리고 이성적 동물과 같은 종류에 속하고 동일한 이성에 참여하는 모든 동물들에게 완성이 하나뿐이라는 말이 사실이라면, 진리도 하나뿐이다.

10

질료적인 모든 것은 순식간에 보편적 실체 속으로 사라진다.

그리고 형상적인 모든 것, 즉 원인적인 모든 것은 순식간에 보편적 이성으로 다시 흡수된다.

또한 모든 사물에 대한 기억은 순식간에 영원한 시간 속에 묻히고 만다.

11

이성적 동물의 경우, 본성에 따른 행동은 곧 이성에 따른 행동이다.

12

스스로 똑바로 일어서라.

아니면, 다른 사람이 너를 똑바로 일으켜 세우도록 하라.

13

육체의 모든 지체들이 단일한 유기체를 이루고 있는 것과 마찬가지로, 이성적 동물들도 서로 분리된 개체로서 존재하기는 하지만 일종의 단일한 결합체를 위한 구성요소들이다.

그리고 만일 네가 "나는 이성적 동물들이 다 함께 모여서 형성된 체계의 일원이다."라는 말을 스스로 자주 반복한다면, 이 사실을 한층 더 명확하게 깨달을 것이다.

그러나 만일 네가 "체계의 일원" 대신에 "체계의 일부분"이라고 말한다면, 그것은 네가 다른 사람들을 아직 진심으로 사랑하지는 않는다는 것을 의미한다.

또한 네가 다른 사람들에게 은혜를 베푸는 행위는 그 자체로서 완전한 기쁨을 너에게 아직 주지 못하고, 너는 너 자신에 대한 선행이 아니라 단순한 의무로 그것을 여전히 시행할 뿐이라는 것을 의미한다.

14

외부로부터 닥칠 가능성이 있는 어떠한 피해든 그 피해를 받을 수 있는 신체의 부분들에게 닥치도록 하라. 이 신체의 부분들은 일단 피해를 받으면 나름대로 불평할 것이다.

그러나 나로서는 나에게 닥친 것을 해롭다고 생각하지 않는 한 피해를 전혀 받지 않는다. 그리고 그러한 것을 해롭다고 생각하지 않는 것은 나에게 항상 가능한 일이다.

15

다른 사람들이 무슨 행동을 하든 무슨 말을 하든, 나는 오로지 정직하고 선한 사람으로만 머물러 있지 않을 수 없다.

이것은 마치 순금이나 에메랄드나 자주색 비단이 "다른 사람들이 무슨 행동을 하든 무슨 말을 하든, 나는 에메랄드로 남아 있고 나의 색깔을 유지하지 않을 수 없다."고 항상 말하는 것과 같다.

16

지배원리는 자기 자신을 불안하게 만드는 원인이 되지 않는다. 즉 이것은 자기 자신 안에 공포도 고통도 격심한 욕망도 일으키지 않는다.

그러나 만일 누가 이것을 공포에 떨게 만들거나 괴롭힐 수 있다면, 그렇게 하라고 하라. 왜냐하면 이것은 스스로 동의하여 그와 같은 두려움에 지배되지는 결코 않을 것이기 때문이다.

육체는 가능한 한 고통을 느끼지 않도록 스스로 조심해야만 한다. 만일 육체가 두려움이나 고통에 직면하고 그것을 느낀다면 육체는 그렇다고 말해야 한다.

그러나 공포나 고통에 좌우되는 것들에 대해 판단을 내리는 능력을 지닌 영혼 자체는 공포도 고통도 전혀 느끼지 않는다. 왜냐하면 영혼은 이러한 종류의 판단을 내려야만 하는 처지에 놓일 수가 없기 때문이다.

지배원리 자체에게는, 이것이 스스로 어떤 결핍을 초래하지 않는 한, 아무것도 결핍된 것이 없다. 그러므로 이것이 스스로 자신을 불안하게 만들거나 방해하지 않는 한, 아무것도 이것을 불안하게 만들거나 방해할 수 없다.

17

행복은 좋은 다이몬 또는 좋은 지배원리다.

그렇다면 오, 상상력이여, 너는 여기서 무엇을 하고 있는가?

네가 여기에 온 것처럼 그렇게 떠나가 버리기를 나는 신들의 이름으로 간청한다. 왜냐하면 나는 너를 원하지 않고 너는 나에게 필요가 없기 때문이다.

그런데 너는 너의 묵은 습관에 따라 여기 왔다. 나는 네게 화를 내지 않는다. 다만 떠나가 버려라.

18

어느 누가 변화를 두려워하는가? 아니, 변화가 없다면 그 무엇이 생겨날 수 있단 말인가? 우주의 본성에게는 변화보다 더 소중하거나 더 적절한 것이 그 무엇이란 말인가?

나무가 변화를 거치지 않는다면 너 자신은 뜨거운 물로 목욕을 할 수 있겠는가? 음식이 변화를 거치지 않는다면, 즉 영양분들의 신진대사가 없다면, 너는 영양분을 섭취할 수가 있겠는가?

이 외에 어떤 유익한 다른 작용들이 변화가 없이 이루어질 수 있겠는가?

그런데 너 자신이 변화하는 것도 역시 이와 같은 종류의 것이며 우주의 본성에게 똑같이 필요하다는 것을 아직도 깨닫지 못하는가?

19

모든 사물은 우리 몸의 지체들이 서로 결합하듯이 그 본성에 따라 우주 전체와 결합하고 협력하면서, 무서운 격류를 통과하듯이 우주의 실체를 통과하여 휩쓸려 가버린다.

시간은 얼마나 많은 크리시포스와 같은 사람들, 얼마나 많은 소크라테스와 같은 사람들, 얼마나 많은 에픽테토스와 같은 사람들을 이미 삼켜 버렸던가!

모든 사람과 모든 사물에 대해서도 너는 이와 똑같은 식으로 곰곰 생각하라.

20

나를 괴롭히는 걱정은 오직 한 가지뿐이다.

그것은 내가 사람의 본성이 허용하지 않는 어떤 행동을 하지나 않는지, 또는 그것이 허용하지 않는 방식으로 하지나 않는지, 또는 그것이 바로 이 순간에 허용하지 않는 행동을 하지나 않는지 하는 걱정이다.

21

너는 곧 모든 것을 잊어버릴 것이다.

그리고 모든 사람은 곧 너를 잊어버릴 것이다.

22

잘못을 저지르는 사람들마저도 사랑하는 것이 사람의 특징이다.

그들이 잘못했을 때, 만일 네가 그들도 너와 같은 종류의 사람이라고 생각한다면, 그들이 무지 때문에 또는 본의 아닌 실수로 잘못했다고 생각한다면, 잘못하는 사람도 너도 곧 죽을 것이라고 생각한다면, 그리고 무엇보다도 그가 너의 지배원리를 종전보다 더 나쁘게 만들지 않았으니 너에게 피해를 입힌 것이 없다고 생각한다면, 너는 그들을 사랑할 수 있을 것이다.

23

우주의 본성은 우주의 실체를 마치 밀랍처럼 사용하여 우선은 한 마리의 말을 빚어낸다.

그 다음에는 이것을 해체하여 나무를 형성하는 질료로 사용하고, 그 다음에는 사람을, 그 다음에는 다른 것을 형성하는 질료로 사용한다.

그리고 이러한 사물들은 각각 매우 짧은 기간 동안만 존속한다.

그러나 깨진 그릇을 다시 붙이는 것이 전혀 힘들지 않듯이 온전한 그릇이 깨지는 것도 역시 그러하다.

24

분노의 기색을 역력히 드러내어 얼굴을 찡그린 표정은 본성에 완전히 배치되는 것이다. 그러한 일을 자주 한다면, 얼굴의 아름다움은 점점 줄어들다가 드디어 완전히 사라지고 다시는 회복할 수 없게 되고 만다.

그러므로 분노가 이성을 거스르는 것이라는 결론을 바로 이 사실로부터 끌어내도록 하라.

만일 네가 자기 잘못을 인식하는 능력마저도 잃게 된다면 무엇 때문에 더 이상 살아가려고 하겠는가?

25

모든 것을 지배하는 자연은 네가 보는 모든 것을 곧 변화시킬 것이고, 그것들의 질료를 사용하여 다른 것들을 만들어 내고, 그 다른 것들의 질료를 사용하여 또 다른 것들을 만들어 낼 것이다.

이것은 세상이 항상 새로운 것으로 존속하도록 하기 위한 것이다.

26

어떤 사람이 네게 잘못했을 때, 너는 그가 선악에 대해 어떠한 생각을 하면서 그러한 잘못을 저질렀는지 즉시 살펴보라.

너는 그렇게 곰곰 생각해 보고 선악에 대한 그의 생각을 간파한다면 그를 동정할 것이고, 놀라거나 화를 내지는 않을 것이다. 왜냐하면 너 자신도 그가 선하다고 보는 것을 똑같이 선하다고 보거나, 아니면 그와 같은 종류의 다른 것을 선하다고 보기 때문이다.

그렇다면 너는 그를 용서해 주지 않으면 안 된다.

그러나 네가 그러한 것을 선하거나 악하다고 생각하지 않는다면, 사물들을 잘못 보고 잘못을 저지른 사람을 관대하게 대하는 일은 너에게 한층 더 쉬울 것이다.

27

네가 가지고 있지 않은 사물들은 네가 가지고 있는 사물들만큼 그렇게 소중하게 여기지 마라.

오히려 네가 가지고 있는 사물들 가운데 가장 좋은 것들을 선택하고, 만일 그것들이 네게 없었더라면 네가 얼마나 열심히 추구했을는지 생각해 보라.

그러나 동시에, 그것들에 대해 너무 만족한 나머지 언젠가 그것들이 네게 없게 될 때 근심할 정도로 그것들을 과대평가하는 습관은 들지 않도록 조심하라.

28

너 자신 안으로 물러가 거기 머물러라.

지배원리는 올바른 일을 할 때 자기 자신에 대해 만족하고, 그렇게 하여 평온을 얻는 본성을 가지고 있다.

29

헛된 망상을 완전히 버려라.

줄을 잡아당기는 일을 중지하라, 즉 너를 꼭두각시처럼 조종하는 본능을 억제하라.

현재의 명확한 한계를 설정하라. 다시 말하면, 너 자신을 현재에 국한시켜라.

너에게 또는 다른 사람들에게 닥치는 일들을 잘 파악하라.

모든 대상을 그것의 두 가지 측면, 즉 원인적 측면과 질료적 측면으로 나누고 분리하라.

너의 마지막 시간을 생각하라.

다른 사람이 너에게 저지른 잘못은 그것이 저질러진 곳에 머물러 있도록 내버려 두라.

30

남들이 하는 말에 주의를 집중하여 그들의 말과 생각을 비교하라.

그들이 하고 있는 일들과 그 일들을 하고 있는 사람들을 이해하고 파악하라.

31

단순함과 소박함, 겸손, 너 자신에 대한 존중, 그리고 미덕과 악덕 사이에 위치하는 것들에 대한 초연함으로 너 자신을 장식하고 그러한 것들을 기쁘게 여겨라.

인류를 사랑하라.

신을 따르라.

어떤 사람은 "모든 것은 법칙의 지배를 받지만 존재하는 것은 오로지 원자들뿐이다."라고 말한다.

그러나 "모든 것은 법칙의 지배를 받는다."고 기억하는 것만으로 충분하다.

어떤 사람 : 데모크리토스(Democritos)를 가리킨다.

32

죽음에 관하여.

분산 또는 원자들로 분해되는 것이든 멸절이든지 간에 죽음은 소멸이 아니면 변화다.

다시 말해서 우리가 원자들로 구성되어 있다면 그것은 분산이지만, 우리가 살아 있는 통일체라면 그것은 소멸과 윤회이다.

33

고통에 관하여.

도저히 견딜 수 없는 고통은 우리를 죽인다. 그러나 오래 지속되는 고통은 견딜 만하다.

정신은 자기 자신 안으로 물러가 머물면서 평온을 유지하고, 지배원리는 더 악화되지는 않는다.

그러나 고통의 피해를 받은 육체의 부분들은 가능한 한 그 사실을 드러낸다.

34

명성에 관하여.

명성을 추구하는 사람들이 어떠한 생각을 하고 있는지 살펴보

라. 그들이 무엇을 준수하고 무엇을 피하며 무엇을 추구하는지도 잘 살펴보라.

또한 모래 더미에서 새로 쌓이는 모래가 먼저 쌓인 모래를 덮어서 가리는 것과 마찬가지로, 삶에 있어서도 먼저 일어난 현상들은 재빨리 사라지고 나중에 일어난 현상들이 그것들을 덮어 버린다.

35

플라톤으로부터.

"정신이 참으로 높은 경지에 이르고 모든 시간과 모든 실체를 조망하는 사람이 인생을 대단한 가치가 있는 것으로 볼 수가 있다고 당신은 생각합니까?"

"그러한 사람은 인생을 그렇게 볼 수 없습니다."라고 그는 대답했다.

"그렇다면 그러한 사람은 죽음 역시 대단히 무서운 것으로 여기지는 않을 것입니다."

"물론 그는 죽음을 아무것도 아닌 것으로 봅니다."

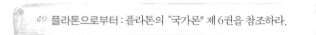

❧ 플라톤으로부터 : 플라톤의 "국가론" 제6권을 참조하라.

36

　안티스테네스로부터.

　"좋은 일을 하고 그 보답으로 나쁜 평판을 얻는 것이 군주의 운명이다."

> ✍ **안티스테네스**(Antisthenes)**로부터** : 디오게네스 라에르티우스
> (Diogenes Laertius)가 지은 "철학자들의 생애와 견해" 제 6권을
> 참조하라.

37

　표정은 정신이 지시하는 대로 고분고분하고 자제하고 침착한 반면, 정신은 스스로 자제하지도 못하고 침착하지도 못하다면, 그것은 비열하고 어리석은 짓이다.

38

　"사물들에게 화를 내는 것은 온당치 않다. 왜냐하면 사물들은 그러한 것을 전혀 아랑곳하지 않기 때문이다."

> ✍ **"사물들에게…"** : 이것은 에우리피데스가 쓴 희곡의 단편적 구
> 절이다.

39

"불멸의 신들에게, 그리고 우리에게 너는 기쁨의 동기들을 부여할 수가 있다."

  "불멸의 신들에게…" : 익명의 작가의 글이다.

40

"인생은 잘 익은 밀 이삭처럼 추수하라. 한 사람은 태어나거나 계속해서 살아가고, 다른 사람은 죽는다."

  "인생은…" : 에우리피데스가 쓴 희곡의 단편적 구절이다.

41

"신들이 나를 돌보지 않고 나의 두 아들들도 돌보지 않는다면, 여기에도 나름대로 그 이유가 있다."

  "신들이 나를…" : 에우리피데스가 쓴 희곡의 단편적 구절이다.

42

"선과 정의는 나와 함께 있다."

        "선과 정의는…" : 에우리피데스가 쓴 희곡의 단편적 구절이다.

43

"다른 사람들이 통곡할 때 함께 통곡하지도 말고, 그들과 함께 전율하지도 마라."

        "다른 사람들이…" : 익명의 작가의 글이다.

44

플라톤으로부터.

"나는 이 사람에게 이렇게 합리적인 답변을 하고 싶습니다.

즉 '어떤 것을 위해 조금이라도 유용한 사람은 삶이나 죽음의 위험을 고려해야만 하지만, 자신의 모든 행동에 대해 그것이 올바른지 여부, 선한 사람 또는 악인에게 합당한 것인지 하는 점에만 유의해서는 안 된다고 당신이 생각한다면, 당신의 생각은 틀린 것입니다.' 라고 말입니다."

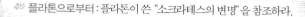 플라톤으로부터 : 플라톤이 쓴 "소크라테스의 변명"을 참조하라.

45

"아테네인들이여, 사리는 참으로 이러한 것입니다.

즉 어떤 사람이 자기에게 가장 유리하다고 여겨지는 곳에 위치하거나 자신의 지휘관에 의해 어떤 곳에 배치된 경우, 내가 보기에 그는 비열하게 자기 위치를 버리고 달아나기보다는 죽음이든 그 무엇이든 전혀 거들떠보지도 않은 채, 자기 자리를 지키고 모든 위험을 무릅쓰지 않으면 안 됩니다."

"아테네인들이여…" : 플라톤이 쓴 "소크라테스의 변명"을 참조하라.

46

"그러나 친애하는 나의 친구여, 고상하고 유익한 것이란 남의 목숨과 자기 목숨을 구하는 것과는 다른 어떤 것은 아닌지 잘 생각해 보라.

또한 참으로 사람답게 사는 사람이라면 자기 목숨의 부지에 더 이상 연연하지 않고 삶에 집착하지도 않으며, 오히려 이러한 모든 것은 신에게 맡기며, 아무도 자기 운명을 피할 수가 없다는 운명의 여신들의 말을 믿으면서 자기에 주어진 삶의 시간을 가능한 한 가장 유익하게 보내면서 살아갈 방법을 추구해야만 하는 것은 아닌지에 대해서도 잘 생각해 보라."

> ✍ "그러나 친애하는 나의 친구여…" : 플라톤이 쓴 "고르기아스 (Gorgias)"를 참조하라.

47

너 자신이 별들과 함께 운행한다고 상상하면서 별들의 궤도를 관찰하라. 그리고 요소들이 어떻게 서로 다른 요소로 변화하는지도 항상 생각하라. 왜냐하면 이러한 생각은 지상 생활의 더러움을 정화시켜 주기 때문이다.

48

플라톤은 다음과 같은 훌륭한 말을 했다.

즉 사람들에 관해서 논의하는 사람은 마치 높은 곳에서 내려다보는 것처럼 지상의 사물들도 바라보지 않으면 안 되는데, 그가 바라보아야만 하는 것들은 무리 지어 모여 있는 각지의 군중들, 군대들, 농업에 종사하는 인력, 결혼, 이혼, 출생, 사망, 법정에서 소란하게 떠드는 소리, 인적이 없는 지역들, 각종 야만족들, 축제들, 애도의 통곡소리, 물건을 매매하는 시장들, 모든 것들의 혼합, 그리고 상반되는 것들의 질서 있는 결합에서 나오는 조화라고 하는 것이다.

49

과거를 살펴보라. 그리고 왕조들의 엄청난 변천을 모두 생각해보라. 그러면 너는 앞으로 일어날 일들도 예견할 수 있을 것이다.

왜냐하면 미래의 일들은 과거의 일들과 똑같은 형태일 것이고, 현재 일어나는 일들의 추세를 피할 수가 없기 때문이다.

따라서 사람들의 삶을 40년 동안 자세히 연구하는 것은 2천 년 동안 그것을 연구하는 것과 조금도 다를 바가 없다. 네가 그 이상 무엇을 더 볼 수가 있단 말인가?

50

"대지에서 온 것은 대지로 돌아간다. 그리고 하늘의 씨가 낳은 것은 하늘나라의 영역으로 돌아간다."

이것은 원자들의 복잡한 상호 결합의 해소이거나 아니면 무감각한 요소들의 유사한 분산이다.

     ⁂ "대지에서 온 것은…" : 에우리피데스의 희곡의 단편적 구절이다.

51

"먹을 것과 마실 것과 교활한 마술로 죽음을 피하기 위해 운명의 진로를 바꾼다."

"신이 보내 준 바람을 우리는 참아야만 하고 불평 없이 일하지 않으면 안 된다."

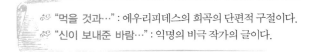

     ⁂ "먹을 것과…" : 에우리피데스의 희곡의 단편적 구절이다.
     ⁂ "신이 보내준 바람…" : 익명의 비극 작가의 글이다.

52

어떤 사람이 레슬링에서 상대방을 내던지는 데 있어서는 다른 사람보다 더 능란할 수는 있다.

그러나 그렇다고 해서 그가 공동의 이익을 도모하는 데 더 민첩한 것도 아니고, 더 신중한 것도 아니며, 닥치는 모든 일을 처리하기 위해 더 잘 훈련되거나 더 평온한 것도 아니고, 자기 이웃사람들의 잘못에 대해 더 관대한 것도 아니다.

53

신들과 사람들에게 공통된 이성의 명령에 따라서 어떤 일을 할 수 있을 때마다 그는 두려워할 것이 하나도 없다.

왜냐하면 우리의 기질과 조화를 이루면서 시행되고 성공을 거두는 행동 덕분에 우리가 이익을 거둘 수 있을 때에는 피해를 우려할 필요가 전혀 없기 때문이다.

54

네가 현재의 여건을 기꺼이 받아들이는 일, 네 주위 동료들을 올바르게 대하는 일, 그리고 사전에 미리 자세히 검토되지 않고는 아무것도 침투하지 못하도록 너의 모든 생각을 조심하고 감시하는 일은 언제나 어디서나 전적으로 네게 달려 있다.

55

다른 사람들의 지배원리를 알아내려고 사방으로 찾아다니지 말고, 오직 본성이 너를 인도해 가는 그 목적만 똑바로 바라보라. 그 본성은 네게 닥치는 모든 것을 통해서 인도하는 우주의 본성과 네가 의무적으로 해야만 하는 행동들을 통해서 인도하는 너 자신의 본성이다.

그러나 이성적 동물은 각자 자신의 기질에 따라 행동하지 않으면 안 되는 반면, 그 외의 다른 모든 것은 열등한 것들이 우월한 것들의 이익을 위해 존재하는 것처럼 이성적 동물들의 이익을 위해 존재하고, 이성적 동물들은 서로 상대방을 위해서 존재한다.

그래서 사람의 기질의 첫째 목적은 사회적인 것이다.

사람의 기질의 둘째 목적은 감각적 느낌들에게 굴복하지 않는 것이다.

왜냐하면 이성적이고 지적인 움직임의 특이한 기능은 그것이 스스로 한계를 설정하고 감각들의 움직임에도 본능에도 결코 압도되지 않는다는 것이다.

사실 감각과 본능, 이 두 가지는 동물적 본성에 속하는 것이고, 이성은 다른 어떠한 것에도 압도되지 않은 채 자신의 우월성을 유지하려고 한다.

그리고 이성은 그렇게 할 만한 타당한 이유가 있다. 왜냐하면 본성은 이성이 다른 모든 것을 이용하도록 결정했기 때문이다.

사람의 기질의 셋째 목적은 속지 않고, 그래서 성급한 판단을 피하는 것이다.

지배원리는 이 기준들을 충실히 지키면서 곧은길을 따라 나아가며, 그리하여 자신에게 속하는 모든 것을 가질 것이다.

56

마치 네가 이미 죽은 것처럼, 너의 일생이 현재에 이르러 끝난 것처럼 생각하라.

그리고 너에게 허락된 여생을 본성에 따라서 살라.

57

오로지 너에게 닥치는 것, 너의 운명의 실이 짜는 것만을 사랑하라.

그보다 더 적절한 다른 것을 네가 어떻게 발견할 수 있겠는가?

58

너에게 어떠한 일이 닥치든지, 그와 똑같은 일을 겪었던 사람들을 항상 머릿속에 그려 보라. 그리고 그들이 얼마나 근심했고, 얼마나 놀랐으며, 또 얼마나 원망하고 탄식했는지도 생각해 보라.

그들은 지금 어디 있는가? 아무 데도 없다. 그렇다면 어떠한가? 너도 그들과 똑같이 행동하기를 바라는가?

그리고 너는 왜 본성에 전혀 부합하지 않는 이러한 감정들을 그 것을 야기하는 사람들에게, 그것에게 압도되는 사람들에게 내버려 두려고 하지 않는가?

그리고 네게 닥치는 것들을 이용하는 바른길을 왜 걸어가려고 하지 않는가? 그래야만 너는 그것들을 잘 이용할 수 있을 것이고, 그 것들은 네 일생을 위한 질료가 될 것이다.

오로지 네가 하는 모든 행동에 있어서 정직한 사람이 되는 일에 만 너의 주의력을 집중하고 또한 그렇게 하겠다고 결심하라.

그리고 중요한 것은 너의 행동이라는 사실, 너의 행동을 유발하는 여건은 대수롭지 않다는 사실, 이 두 가지를 항상 명심하라.

59

너 자신의 내면을 파라.

너의 내면에 유익함의 샘이 있고, 네가 파기만 한다면 그 샘은 항상 샘솟아 넘칠 것이다.

60

육체도 또한 침착함을 유지해야만 하고, 움직일 때나 정지해 있을 때나 결코 흥분해서는 안 된다.

왜냐하면 정신이 총명한 표정과 아름다운 표정을 동시에 얼굴에 부여하여 스스로 얼굴에서 드러나듯이, 이와 똑같은 것을 우리는 육체의 다른 모든 부분에게도 요구하지 않으면 안 되기 때문이다.

그러나 우리는 어떠한 경우에도 허식이나 위선을 버린 채 조심하는 태도를 취하지 않으면 안 된다.

61

삶의 기술은 댄서의 기술보다는 레슬러의 기술과 더 비슷하다. 왜냐하면 갑자기 닥치는 의외의 공격에 항상 대비하고 또 굳건히 대항해야만 하기 때문이다.

62

네가 어떤 사람들의 인정을 받고 싶어 한다면 그들이 어떠한 사람들인지, 그들이 어떤 종류의 지배원리를 구비하고 있는지 항상 살펴보라.

그들의 판단과 욕망의 원천이 어떠한 것인지 확실히 파악하는 경우, 너는 본의 아니게 잘못하는 사람들을 비난하지도 않을 것이고 그들의 인정을 받고 싶지도 않을 것이다.

63

"모든 영혼은 본의 아니게 진실이 결핍되어 있다." 고 그 철학자는 말한다.

따라서 이와 마찬가지로 모든 영혼은 정의, 절제, 자비, 공손함, 그리고 다른 미덕들이 결핍되어 있다.

이것을 항상 명심하는 것이 절대적으로 불가결하다. 그렇게 하면 너는 모든 사람에게 한층 더 온화해질 것이기 때문이다.

64

고통을 겪을 때마다 너는 그것이 네게 불명예가 되거나 손해를 끼치는 나쁜 것도 아니며, 너의 지배원리를 악화시키지도 않는 것이라고 생각하라. 왜냐하면 그것은 이성적인 것인 측면에서도 사회적인 것인 측면에서도 지배원리를 손상시키지 않기 때문이다.

그러므로 "고통에는 그 한도가 있다는 것을 네가 명심한다면, 그리고 네가 그것을 실제보다 더 큰 것이라고 상상하지만 않는다면, 고통은 도저히 참을 수 없는 것도 아니고 한없이 계속되는 것도 아니다."라고 말한 에피쿠로스의 격언으로부터도 대부분의 고통의 경우에 너는 도움을 받도록 하라.

또한 지나치게 졸린다거나 너무 뜨겁다거나 식욕을 잃었다거나 하는 것과 같이 우리에게 불쾌한 많은 느낌들이 자기도 모르게 고통과 동일시되고 있다는 사실도 명심하라.

그러한 것들은 실제로 고통이 아니다. 그러므로 이러한 것들 가운데 하나에 대해 불만을 품을 때마다 너는 너 자신이 고통에게 굴복하고 있다고 생각하라.

> 에피쿠로스(Epicuros) : 사모스 섬 출신의 철학자(341-270 B.C.)로서 스토아학파와 대립하는 에피쿠로스학파의 창시자이다.

65

사람들을 혐오하는 자들이 다른 사람들에 대해서 품는 것과 똑같은 감정을 네가 그러한 사람들에 대해서 품지 않도록 조심하라.

66

인격면에서 텔라우게스가 소크라테스보다 더 못하다고 우리는 어떻게 알겠는가?

소크라테스가 한층 더 영광스럽게 더 고상한 죽음으로 삶을 마감했고, 궤변철학자들과 한층 더 능숙하게 토론했으며, 싸늘한 밤의 추위를 여러 번 더 잘 참고 견디었고, 살라미스 출신의 레온을 체포하라는 명령을 받았을 때 복종하기를 거부한 것처럼 더 큰 용기를 보여 주었으며, 길거리를 거드름을 부리며 걸어 다녔다는 것으로는 충분하지 않다.

물론 그가 길거리를 거드름을 부리며 걸어 다녔다는 말이 사실인지에 대해서는 의문의 여지가 많다.

그 대신에, 소크라테스가 어떤 종류의 정신을 소유하고 있었는지, 다른 사람들에게 정의롭고 신들에게 경건한 것으로 스스로 만족할 수 있었는지, 다른 사람들의 사악함에 대해 화내거나 다른 사람의 무지에 예속되거나 한 적이 결코 없는지, 우주의 본성이 자신에게 할당해 준 모든 것을 자신에게 적합하지 않은 것으로 받아들인 적이 결코 없는지, 또는 그러한 것들을 도저히 참고 견딜 수 없는 것으로 여기지는 않았는지, 그리고 그의 정신을 가련한 육체의 욕구로 오염시키지는 않았는지에 대해 우리는 깊이 생각해 보지 않으면 안 된다.

> ✎ 텔라우게스(Telauges) : 누구를 가리키는지 불분명하다.
> ✎ 길거리를 거드름을 부리며 걸어 다녔다 : 아리스토파네스의 희극 "구름들"을 참조하라.

67

자연은 네가 자신을 억제하는 능력과 너에게 속한 모든 것을 지배하는 능력을 허용하지 않기 위해 너의 정신을 육체의 구조와 결합시켜 놓은 것은 아니다. 너는 이것을 항상 명심하라.

또한 다른 한 가지 진실도 아울러서 명심하라. 그것은 행복한 삶에 필요한 사물이나 조건은 극도로 적다는 것이다.

그리고 네가 철학자나 변증법 전문가나 학식이 풍부한 사람이 될 희망을 잃었다고 해서, 오로지 그 한 가지 이유 때문에, 자유롭고 겸손하며 사회적이고 신에게 복종하는 사람이 되겠다는 희망마저 버려서는 안 된다.

왜냐하면 아무에게도 신성한 인간으로 인정받지 못한 채, 신성한 인간이 되는 것은 분명히 가능하기 때문이다.

68

심지어 온 세상 사람들이 너를 거슬러서 자기들 마음대로 비난을 퍼붓는다 해도, 심지어 야수들이 너를 둘러싼 다음 증가한 이 물질 덩어리의 가련한 지체들을 갈가리 찢어놓는다 해도, 기쁨과 평온함에 가득 찬 채, 모든 속박에서 벗어나서 살라. 너에게는 그렇게 살 능력이 있다.

이러한 모든 일에 있어서 스스로 평온함을 유지하고, 자기 주위의 모든 것을 올바르게 판단할 수 있으며, 자기에게 제시되는 모든 것을 이용할 준비가 항상 되어 있는 것을 사실 그 무엇이 방해할 수 있겠는가?

그래서 판단하는 기능은 자신의 관찰에 노출되는 것에게 "너는 비록 겉보기로는 다른 것으로 너 자신을 보여 주지만, 사실 실체 안에 있다."고 말하고, 사용하는 기능은 자신의 권한에 들어오는 것에게 "너야말로 바로 내가 찾고 있던 것이다. 왜냐하면 현재 있는 것은 나에게 언제나 이성적이고 사회적인 미덕의 재료, 즉 일반적으로 말하자면, 사람과 신에게 다 함께 속하는 기술의 재료이다."라고 말한다.

사실 발생하는 모든 현상은 신 또는 사람과 관련이 있는가 하면, 새롭지도 다루기 어렵지도 않고 오히려 일상적이고 다루기 쉬운 것이다.

69

도덕적 인격의 완성은 흥분하지도 않고 무기력하지도 않으며 위선을 부리지도 않으면서 날마다 그날이 마치 마지막 날인 듯이 살아가는 데 있다.

70

영원불멸의 신들은 수많은 악인들을 포함한 모든 사람들을 있는 그대로 이토록 장구한 기간 동안 참아 주지 않으면 안 된다고 해서

화를 내지는 않는다.

그뿐만 아니라 그들은 모든 방법으로 사람들을 돌보기도 한다.

그러나 곧 일생을 마감해야만 할 운명에 처해 있는 너는, 너 자신도 또한 악인들 가운데 하나인 주제에도 불구하고, 악인들을 참아 주는 일을 싫어한단 말인가?

71

사람은 자신의 사악함은 피할 수 있는 반면에 다른 사람의 사악함은 피할 수가 없다.

그런데도 불구하고, 자신의 사악함은 피하려고 노력하지 않은 채 다른 사람의 사악함은 피하려고 애쓰는 것은 어리석다.

72

이성적이고 사회적인 기능은 어떤 것들에게 이성과 사회적 본능이 없다는 것을 알게 되면, 그러한 것이 모두 자신보다 열등하다고 당연히 판단한다.

73

네가 유익한 일을 하고 다른 사람이 그 혜택을 받을 때마다 너는 왜 바보들이 하듯이 그 두 가지 이외의 세 번째 것, 즉 선행을 했다는 좋은 평판 또는 선행의 대가를 얻기를 아직도 바라고 있는가?

74

유익한 것을 받는 데 지치는 사람은 아무도 없고, 유익한 것이란 본성에 따라 행동하는 것이다.

그러므로 너는 본성에 따라 행동하여 유익한 것을 받는 데 지치지 마라.

75

우주의 본성은 우주를 만들어 내기 위해서 움직였다, 즉 온 세상의 모든 사물들은 우주의 본성이 창조한 것이다.

그런데 발생하는 모든 현상은 필연적 결과이거나 연속적으로 일어나는 것이지만, 모두 비이성적이다.

심지어 우주의 지배원리가 자신의 움직임을 특별히 개입시켜서 일어나게 하는 가장 중요한 현상들마저도 비이성적 원리의 지배를 받는다.

이것을 네가 명심한다면 너는 많은 경우에 한층 더 평온해질 것이다.

아우렐리우스 황제

제 *8* 권

1

네가 일생을, 또는 적어도 젊은 시절 이후의 남은 기간을 철학자로서 살아가기란 이제 더 이상 네게 가능한 일이 아니라고 생각한다면, 그러한 생각도 또한 헛된 명예욕을 경멸하거나 제거하는 데 도움이 될 것이다.

그리고 네가 철학하고는 거리가 매우 멀다는 것도 많은 사람들에게도 너 자신에게도 매우 분명하다. 그래서 너는 너무 낮은 단계에까지 떨어져 철학자의 명성을 얻기가 쉽지 않고, 너의 인생의 기초나 계획 자체도 철학자의 명성과 양립할 수 없다.

그러므로 만일 문제가 어디 있는지 네가 참으로 깨닫는다면, 다른 사람들로부터 명성을 얻으려는 생각을 버리고, 너의 여생이 얼마나 되든지 간에 그것을 너의 본성이 바라는 대로 살아가는 것으로 만족하라.

따라서 너의 본성이 요구하는 것이 무엇인지 깊이 생각하고, 그이외의 것들은 거들떠보지도 마라. 왜냐하면 너는 삼단논법에서도, 재산에서도, 명성에서도, 쾌락에서도, 그 어떠한 것에서도 행복을 결코 발견하지 못한 채, 수없이 방황하기만 했던 경험이 있기 때문이다.

그렇다면 행복은 어디 있는가? 사람의 본성이 요구하는 것을 수행하는 데 있다.

그러면 그것을 어떻게 수행할 수 있는가? 확고한 원칙들을 지니고 있으면 수행할 수 있다. 왜냐하면 모든 감정과 행동이 모두 그러한 원칙들에 달려 있기 때문이다.

그러한 원칙들은 어떠한 것인가? 그것들은 유익한 것과 해로운 것에 관한 원칙들이다.

즉 사람을 올바르고 자제하고 용감하고 자유로운 사람으로 만들지 않는 것은 모두 사람을 위해 유익한 것이 아니며, 앞에 언급된 것과 반대되는 결과를 초래하지 않는 것은 모두 사람을 위해 해로운 것이 아니라는 신념이다.

2

행동을 할 때마다 너 자신에게 이러한 질문들을 던져라.

이 행동은 나와 무슨 관계가 있는 것인가?

나는 이것에 대해 앞으로 후회하지는 않을 것인가?

조금만 더 지나면 나도 죽을 것이고 모든 것도 사라질 것이다. 그런데 만일 내가 지금 하는 행동이 이성적 동물이자 공동체의 이익을 도모하는 동물이며 동일한 법칙의 지배를 신과 더불어 받고 있는 그 동물의 본성에 부합하는 것이라면, 내가 그 이상 무엇을 더 추구하려고 하겠는가?

3

디오게네스, 헤라클레이토스, 소크라테스와 비교하면 알렉산드로스, 율리우스 카이사르, 폼페이우스는 무엇인가?

전자의 세 사람은 실체들, 그리고 그 실체들의 원인(형상)들과 질료들을 이해했기 때문에 각자의 지배원리는 동일한 것이었다.

반면에 후자의 세 사람은 얼마나 많은 것들을 근심하지 않으면 안 되었고 또 얼마나 많은 것들의 노예였던가?

4

설령 네 몸이 터져 버린다 해도, 사람들은 똑같은 일들을 항상 계속할 것이다. 너는 이것을 명심하라.

5

무엇보다도 가장 중요한 것은 네가 마음의 평온함을 잃지 않는 것이다.

왜냐하면 모든 사물은 사실 우주의 본성과 조화를 이루는 것이며, 조금만 지나면 너는 하드리아누스와 아우구스투스처럼 무명인사가 될 것이고 그 어느 곳에도 존재하지 않을 것이기 때문이다.

그 다음으로 중요한 것은 너의 할 일에 모든 시선과 주의를 집중함과 동시에 네가 정직한 사람이 되지 않으면 안 된다고 명심하는 것, 그리고 네게 가장 옳다고 보이는 것을 말하면서 사람의 본성이 요구하는 것들을 지체 없이 실천하고, 그것도 오로지 예의 바른 태도와 겸손을 구비하고 허세와 가식은 버린 채 실천하는 것이다.

6

우주의 본성이 수행하는 기능은 사물들을 여기서 저기로 옮기고, 변화시키며, 여기서 가져가 버린 다음에 저곳으로 운반하는 것이다.

모든 것은 변화한다. 그러나 우리는 새로운 것을 두려워할 필요가 없다.

모든 것은 우리에게 익숙한 것이다. 그러나 그것들의 분배는 여전히 똑같다.

7

모든 자연적 본성은 올바른 길을 통해서 나아갈 때 자신에 대해 만족한다.

그리고 이성적 본성이 올바른 길을 통해서 나아가는 경우란, 그것이 그릇되거나 모호하게 보이는 것에게는 결코 동의하지 않을 때, 자신의 움직임을 오로지 공공의 이익으로만 향하게 할 때, 오로지 자기 능력이 미치는 것들만 추구하거나 피할 때, 우주의 본성이 자신에게 할당한 모든 것을 만족스럽게 여길 때이다.

잎의 본성이 식물의 본성의 일부인 것처럼 개별적 본성은 우주의 본성의 일부이다.

다만 식물의 경우, 잎의 본성은 인식과 이성이 없고 방해에 좌우되는 본성의 일부인 반면, 사람의 본성은 방해에 좌우될 수 없는가 하면, 자신이 모든 사물에게 각자의 가치에 따라 차별 없이 시간, 실체, 원인, 활동, 현상을 부여하기 때문에 현명하고 정의로운 본성의 일부이다.

그러나 개별 사물이 다른 개별 사물과 모든 측면에서 동일한지를 살펴보지 말고, 한 사물의 모든 부분들의 총체가 다른 사물의 모든 부분들의 총체에 상응하는지를 살펴보라.

8

너는 더 이상 글을 읽을 수 없다.

그러나 오만을 억제할 수 있고, 쾌락과 고통을 지배할 수 있으며, 명예욕에 대해 초연해질 수 있고, 어리석고 배은망덕 하는 사람들에게 화를 내기는커녕 오히려 그들을 보살펴 줄 수 있다.

9

네가 궁정 생활에 대해 불평하는 소리를 아무도 더 이상 듣지 않게 하라.

그리고 그러한 불만을 느낄 기회를 심지어 너 자신에게조차도 더 이상 주지 마라.

10

후회는 유익한 어떤 것을 소홀히 한 데 대한 일종의 자책이다. 그러나 좋은 것은 곧 유익한 어떤 것이므로 정직한 사람은 그것을 소홀히 해서는 안 된다.

그런데 참으로 정직한 사람은 아무도 쾌락을 소홀히 한 것에 대해 결코 후회하지 않을 것이다. 따라서 쾌락은 좋은 것도 유익한 것도 아니다.

11

이 사물은 자체의 특정한 구조 안에 있는 그 자체로서 무엇인가? 그 실체와 질료는 무엇인가? 그것의 원인 또는 형상은 무엇인가? 또한 이것은 세상에서 무슨 기능을 하는가?

그리고 얼마나 오랫동안 이것은 더 존속할 것인가?

12

잠에서 깨어 잠자리에서 일어나기가 싫을 때마다 아래 사항들을 명심하라.

사회에 유익한 활동을 하는 것은 너의 본질과 인간의 본성에 부합하는 것이다.

한편 잠을 잔다는 것은 너와 이성이 없는 동물들에게 공통된 행위지만, 각 개인의 본성에 부합하는 행위는 그에게 한층 더 고유한 것이고, 그에게 더욱 긴밀하게 연관이 되는 것이며, 더욱 중요하고, 그에게 더욱 유쾌한 것이다.

13

너는 끈임 없이, 그리고 가능한 한 기회 있을 때마다 물리적, 윤리적, 변증법적 원리에 따라 생각을 하라.

14

어떠한 사람을 만나든지 너는 즉시 "이 사람은 유익한 것과 해로운 것에 대해 어떻게 생각하고 있는가?"라는 질문을 너 자신에게 던져 보라.

왜냐하면 만일 그가 쾌락과 고통, 쾌락과 고통의 원인들, 명성과 수치, 그리고 생사에 관해 자기 나름대로 어떤 생각이 있다면, 그가 이러저러한 행동을 하는 것이 나에게는 놀랍지도 이상하지도 않고, 나는 그가 그렇게 행동할 수밖에는 없다는 것을 명심할 것이기 때문이다.

15

무화과나무가 무화과를 생산하는 것을 보고 놀라는 것이 어리석고 부끄러운 일인 것과 마찬가지로, 세상이 사물들을 당연히 만들어 내는 것에 놀라는 것도 어리석고 부끄러운 일임을 기억하라.

환자가 열이 높다고 해서 의사가 놀라거나 역풍이 분다고 해서 배의 키잡이가 놀라는 것도 이와 마찬가지로 어리석고 부끄러운 일일 것이다.

16

너의 의견을 변경하는 것과 너의 잘못을 교정해 주는 사람의 말에 주목하고 따르는 것은 네가 잘못을 고집하는 것과 마찬가지로 너의 자유에 속하는 일이다.

사실 그러한 행동은 너 자신의 움직임과 판단에 따라서, 또한 너의 이해력에 따라서 취해지는 너 자신의 행동이다.

17

어떤 일이 너에게 달린 것이라면 너는 왜 그것을 하는가? 그것이 다른 사람에게 달린 것이라면 너는 누구를 탓하겠는가?

원자들, 즉 우연이나 신들을 탓할 것인가? 원자를 탓하는 것도 신들을 탓하는 것도 모두 어리석은 짓이다. 너는 아무도 탓해서는 안된다.

네게 가능하다면 원인, 즉 사람을 교정하라. 이것이 네게 불가능하다면, 적어도 일을 교정하라. 이것마저도 네게 불가능하다면, 남을 탓하는 것이 네게 무슨 소용인가?

목적이나 동기가 없이는 어떠한 행동도 취해서는 안 된다.

18

생물은 죽는다고 해서 우주 바깥으로 사라져 버리는 것은 아니다. 그것은 여기 우주 안에 머물러 있다면, 여기서 역시 변화하고 자신의 고유한 요소들로 분해된다.

분해된 그 요소들은 우주와 너 자신의 요소들인데, 이것들도 역시 변화하고 이러한 변화에 대해 불평하지 않는다.

19

타고 다니는 말이든 포도나무든 모든 사물은 어떤 목적을 위해 존재한다. 너는 이것에 대해 왜 놀라는가?

심지어 태양마저도 "나는 어떤 목적을 위해서 생겨났다."라고 말할 것이고, 그 외의 다른 신들도 역시 그렇게 말할 것이다.

그러면 너는 무슨 목적을 위해 존재하는가? 쾌락을 즐기기 위해서 존재하는가?

그러한 생각을 상식이 지지하는지 잘 살펴보라.

20

자연은 모든 사물의 시작과 마찬가지로 그 끝을, 그리고 그것이 지속되는 과정을 주시해 왔다. 이것은 마치 공을 위로 던진 사람이 공을 주시하는 것과도 같다.

위로 높이 던져진다고 해서 공이 무슨 이익을 받는가? 아래로 떨어진다고 해서, 심지어 땅에 이미 떨어졌다고 해서 공이 무슨 피해를 입는가?

물거품은 자기 형태를 유지한다고 해서 무슨 이익을 얻고, 터진다고 해서 무슨 피해를 입는가?

생명의 등불에 대해서도 이와 똑같이 말할 수 있다.

21

너의 육체의 안팎을 뒤집어서 그것이 어떻게 생겼는지 살펴보라. 또한 그것이 늙었을 때, 병들었을 때, 결함이 생겼을 때 어떻게 되는지도 잘 살펴보라.

칭송하는 사람도 칭송을 받는 사람도, 남을 기억하는 사람도 남에게 기억되는 사람도 모두 잠시 생존할 뿐이다.

그리고 그들은 모두가 지구 한구석에서 생존하는 것이다. 게다가 심지어 지구 한구석에서도 모든 사람이 화목하지는 못한다.

아니, 개인의 경우에도 자기 자신에 대해 만족하는 사람은 하나도 없다.

그런데 지구 전체도 하나의 점에 불과하다.

22

너에게 닥친 일, 그리고 너의 행동, 원칙, 말의 의미에 정신을 집중하라.

너는 마땅히 그렇게 하지 않으면 안 된다. 왜냐하면 너는 오늘 올바른 사람이 되려고 하기보다는 내일 올바른 사람이 되기를 더 선호하기 때문이다.

23

나는 무슨 일인가를 하고 있는가? 나는 인류의 이익을 위해서 그것을 한다.

나에게 무슨 일인가가 닥치는가? 나는 그것을 신들의 뜻이라고,

모든 것의 원천의 뜻이라고 생각하면서 받아들인다.

사실 모든 현상과 그 상호관련은 신들과 이 원천에서 나오는 것이다.

24

목욕이란 너에게 기름, 땀, 때, 더러운 물, 기타 불쾌한 모든 것의 총체로 보인다.

삶의 모든 부분과 모든 사물도 이와 마찬가지이다.

25

루칠라는 베루스를 땅에 묻었고 그 다음에는 자기 차례를 맞아 땅에 묻혔다. 세콘다는 막시무스를 묻었고 그 다음에는 자기도 이 세상을 떠났다. 에피틴카누스는 디오티무스를 묻었고 그 다음에는 자기도 사라졌다.

안토니누스는 파우스티나를 묻었고 그 다음에는 자기도 이 세상을 떠났다. 모든 것은 항상 이와 똑같다. 첼레르는 하드리아누스를 묻었고 그 다음에는 자기도 이 세상을 떠났다.

총명한 사람들, 점쟁이들, 오만으로 가득 찬 사람들, 이 모든 사람들은 지금 어디에 있는가? 카락스, 데메트리우스, 에우다이몬과 같이 두뇌가 명석한 사람들, 그리고 이들과 유사한 사람들은 모두 지금 어디 있는가?

그들은 모두 하루살이였고, 오래전에 죽었다.

어떤 사람들은 잠시 동안도 기억되지 못했고, 어떤 사람들은 전설의 영웅들이 되었고, 또 어떤 사람들은 심지어 전설로부터도 사라졌다.

그러므로 너를 구성하고 있는 이 작은 혼합물의 덩어리는 분해되고, 너의 가련한 정신은 사라지거나 다른 곳으로 옮아가는 것이 불가피하다는 것을 명심하라.

> ❧ 루칠라(Domitia Lucilla), 베루스(M. Antonius Verus) : 저자의 친어머니와 친아버지이다.
> ❧ 세콘다(Seconda), 막시무스(Claudius Maximus) : 막시무스는 스토아학파 철학자로서 저자의 스승 가운데 하나이며 세콘다는 그의 아내이다.
> ❧ 에피틴카누스(Epitynchanus), 디오티무스(Diotimus) : 누구를 가리키는지 불분명하다.
> ❧ 파우스티나(Annia Galeria Faustina) : 안토니우스 피우스 황제의 아내이다.
> ❧ 첼레르(Caninius Celer) : 하드리아누스 황제의 비서이다.

26

사람이 사람의 본성에 부합하는 일을 하면 즐겁다.

그런데 사람의 본성에 부합하는 일이란 다른 사람들을 예의 바르게 대하고 자비를 베푸는 일, 감각기관들의 움직임을 경멸하는 일, 겉으로만 올바른 듯이 보이는 것들을 제대로 식별하는 일, 우주의 본성 그리고 우주 안에서 그 원리에 따라 일어나는 현상들의 본질을 명상하는 일이다.

27

네가 다른 사물들과 맺는 관계는 세 가지가 있다.

그것은 너 자신을 둘러싸고 있는 육체에 대한 관계, 모든 사물이 모든 사물을 위해 생겨나도록 만드는 신성한 원인에 대한 관계, 그리고 너와 함께 사는 사람들에 대한 관계이다.

28

고통은 육체에게 해로운 것이거나 아니면 영혼에게 해로운 것이다. 그것이 육체에게 해로운 것인 경우에는 육체가 그렇다고 말할 것이다.

그러나 영혼은 자신에게 부합하는 평온함과 안정을 유지하는 한편, 고통을 해로운 것이라고 판단하지 않을 수 있다.

왜냐하면 모든 판단, 움직임, 욕망, 혐오감은 우리 내면에서 일어나는 것인데, 고통은 결코 우리 내면에 침투하지 못하기 때문이다.

29

아래와 같은 생각을 끊임없이 함으로써 헛된 망상을 없애 버려라.

"어떠한 악의도, 어떠한 욕망도, 어떠한 불안도 내 영혼 안에 자리 잡지 못하게 하는 것, 그리고 모든 사물이 어떠한 것인지 명확하게 파악하여 그 가치에 따라 이용하는 것은 전적으로 나에게 달려있다."

또한 자연이 네게 부여한 이 능력을 항상 명심하라.

30

원로원에서 발언할 때에도, 상대방이 누구이든지 간에 남에게 말할 때에도 허세를 부리지 말고 예의 바르게 말하라.

또한 솔직하게 말하라.

31

아우구스투스의 궁중의 모든 사람들, 즉 그의 아내, 딸, 조카들, 양자들, 누이동생, 아그리파, 친척들, 친구들, 아레이우스, 마에체나스,

의사들, 제사를 지내는 사제들 등은 예외 없이 모두 이미 죽었다.

그 다음에는 다른 사람들의 죽음을 생각해 보라.

한 개인의 죽음이 아니라, 예를 들면 폼페이우스 가문 사람들의 죽음처럼 한 가문의 모든 사람의 죽음을 생각해 보라. 그리고 "이 가문의 마지막 사람"이라고 새겨진 묘비명도 생각해 보라.

또한 그의 선조들이 자기들의 대를 이을 후손을 하나라도 남기기 위해 얼마나 많은 근심과 괴로움을 겪었는지, 그런데 결국은 후손들 가운데 누군가는 필연적으로 마지막 사람이 되지 않으면 안 되었다는 사실도 생각해 보라.

한 가문 전체의 죽음과 멸절은 이렇게 일어났다는 사실을 다시 생각해 보라.

- 아그리파(M. Vipsanius Agrippa) : 아우구스투스의 친구, 장군, 대신이었던 인물(기원전 63년-서기 12년)이다.
- 아레이우스(Areius Didimus) : 알렉산드리아 출신으로 기원전 1세기 때 활동한 스토아학파 철학자며 아우구스투스의 스승이다.
- 마에체나스(G. Maecenas) : 아우구스투스의 친구이자 측근이며 문학과 예술의 보호자이다.
- 폼페이우스(Pompeius) : 폼페이우스 가문 사람들의 이름은 카라칼라 황제(재위 211-217 A.D.) 시대에도 언급이 되고 있으므로, 저자가 여기서 가리키는 사람들은 내전에서 죽은 폼페이우스의 직계 가족들을 의미하는 것으로 보인다.

32

너는 행동 하나하나를 올바르게 하여 일생 전체를 올바로 살지 않으면 안 된다. 그리고 각 행동이 가능한 한 목적을 가장 잘 달성했다면 그것으로 만족하라.

너의 행동이 그 목적을 달성하지 못하도록 너를 방해할 수 있는 사람은 아무도 없다.

"그러나 외부적인 어떤 방해가 있을 수도 있다."

네가 정의, 자제, 심사숙고의 자세로 행동하는 것을 방해할 수 있는 사람은 아무도 없다.

"그러나 다른 어떤 행동이 방해할 수 있을지도 모른다."

그럴지도 모른다. 그렇다면 네 앞에 놓인 것처럼 보이는 그 방해를 체념하는 태도로 받아들이는 한편, 네게 가능한 행동을 현명하게 취한다면, 방해받은 행동 대신에 새로운 행동의 기회가 즉시 네게 주어질 것이고, 이 행동이 우리가 말한 올바른 일생을 구성하는 행동이 될 것이다.

33

재산이나 번영을 오만함이 없이 받아들여라. 그리고 미련 없이 버릴 준비를 항상 갖추어라.

34

손이나 발이나 머리가 잘려나가 육체의 남은 부분들로부터 먼 곳에 놓여 있는 것을 네가 본 적이 있다면, 자신에게 닥치는 일들에 대해 만족하지 않은 채 다른 사람들을 멀리하거나 공동의 이익을 거스르는 어떤 행동을 하는 사람은 고작해야 잘려나간 손, 발, 머리와 같은 처지에 불과하다고 생각하라.

너는 본성에 부합하는 결합에서 스스로 잘려나간 것과 같다. 왜냐하면 너는 세상 사람들의 일부분이 되기 위해 세상에 태어났지만 이제 스스로 잘려나갔기 때문이다.

그러나 여기 멋진 일이 있다. 즉 너에게는 너 자신을 모든 사람들과 다시 결합할 수 있는 능력이 있는 것이다.

인간 이외의 다른 사물들에 대해서는 일단 잘려나가고 분리된 일부분이 자신을 전체와 다시 결합하는 것을 신은 허락하지 않았다.

신이 인간에게 베푼 자비를 생각하라. 왜냐하면 신은 인간이 전체로부터 스스로 잘려나가지 않을 수 있는 능력을 처음부터 그에게 주었을 뿐만 아니라, 일단 잘려나간 뒤에도 그가 다시 전체에게 돌아가고 전체와 함께 성장하며 전체의 일부분인 자기 자리를 다시 차지할 수 있는 능력도 부여했기 때문이다.

35

우주의 본성은 자신의 다른 모든 기능들을 모든 이성적 동물 각자에게 주었고 그래서 우리 각자는 이러한 기능도 역시 받았다.

즉 우주의 본성은 자신을 방해하고 반대하는 모든 것을 자신에게 유리한 것으로 전환시키고 운명이 원하는 질서 안에 편입시키며, 이러한 것들을 자신의 일부분으로 만드는 것과 마찬가지로, 이성적 동물은 모든 방해를 자신의 행동을 위한 재료로 삼을 수 있을 뿐만 아니라 그것이 어떠한 목적을 가지고 있든지 간에 그 목적을 위해 그것을 이용할 수 있다.

36

너의 일생 전체가 어떠한 것이 될는지에 대해 염려하지 마라.

네가 겪었던 각종의 수많은 어려움들도, 그리고 앞으로 네게 닥칠 것으로 예상되는 각종의 모든 어려움들도 한꺼번에 생각하지 마라.

다만 네게 어려움이 닥칠 때마다 "이것에는 도저히 참고 견딜 수 없는 것이 무엇이 있는가?"라고 너 자신에게 질문을 던져라. 그러면 너는 도저히 참고 견딜 수 없는 것이 있다고 자인하기가 부끄러울 것이다.

그 다음에는 너를 괴롭히는 것은 미래도 과거도 아니고 언제나 현재라는 사실을 명심하라. 그리고 네가 현재에 대해서도 그 한계를 제한하기만 한다면, 그리고 그렇게 제한된 것마저도 대항할 수 없다고 생각할 때마다 너의 정신을 스스로 꾸짖기만 한다면, 현재는 하찮은 것이 되고 만다.

37

판테아 또는 페르가무스가 지금 베루스의 무덤 근처에 앉아 있는가? 카우리아스 또는 디오티무스가 하드리아누스의 무덤 근처에 앉아 있는가? 이것은 어리석은 질문이다.

설령 그들이 거기 앉아 있다고 해도, 그들의 보호자였던 죽은 자들이 그 사실을 알겠는가? 설령 죽은 자들이 그 사실을 안다고 해도, 그것을 기쁘게 여기겠는가? 설령 죽은 자들이 그것을 기쁘게 여긴다고 해도, 그들이 그렇다고 해서 불멸의 존재가 되겠는가?

살아 있는 그들도 늙을 것이고 그 다음에는 죽을 운명이 아닌가? 그들도 죽은 뒤에는 그들의 보호자였던 죽은 자들이 할 일이 무엇이 더 있겠는가? 지금 무덤 속에 있는 그들은 모두가 악취와 핏덩어리에 불과하다.

  판테아(Panthea) : 루치우스 베루스의 첩을 가리킨다.
  페르가무스(Pergamus), 카우리아스(Chaurias), 디오티무스
(Diotimus) : 누구를 가리키는 것인지 불분명하다.

38

너에게 예리한 시력이 있다면 그것을 이용하여 더욱 현명하게 판단하라고 그 철학자는 말한다.

39

이성적 동물의 본질 안에서 나는 정의와 양립할 수 없는 미덕은 하나도 보지 못하는 반면에, 쾌락과 양립할 수 없는 미덕, 즉 절제는 본다.

40

너에게 고통을 주는 것처럼 보이는 그것에 대한 너의 판단을 억제한다면 너 자신은 완전히 안전하게 될 것이다.

"너 자신이란 무엇인가?"

"이성이다."

"그러나 나는 이성이 아니다."

"그렇다. 그러나 이성이 이성 자신을 괴롭혀서는 안 된다. 그러나 이성 이외의 어떤 다른 부분이 아프다면, 그 부분이 그 부분에 대해 판단을 내리도록 하라."

본능에 대한 장애가 동물적 본성에게 항상 해로운 것과 마찬가지로 감각적 인식에 대한 장애는 동물적 본성에게 해롭다.

이와 똑같은 방식으로 식물의 본성에게도 다른 종류의 해로운 장애가 있다.

따라서 정신에게 장애가 되는 것도 이성적 본성에게는 해로운 것이다. 그러면 이 모든 사항들을 너 자신에게 적용하라.

고통이나 쾌락이 너를 괴롭히는가? 감각적 인식이 그것을 판단할 것이다. 너의 본능에 대한 장애가 있는가? 네가 본능을 무조건 또는 아무런 유보도 없이 지지한다면 그 장애는 네가 이성적 동물인 한 너에게 해롭다.

반면에 네가 일반적 원리를 따르고 사물들의 일상적 경로를 고려한다면, 너는 아직 피해를 받지도 않았고 심지어 방해도 받지 않았다.

사실 정신 이외의 그 어떠한 것도 정신에게 적합한 모든 것을 방해할 수가 없다. 왜냐하면 정신이 일단 "홀로 존재하는 둥그런 구형의 영역"이 되면 불도 쇠도 폭군도 비방도 결코 그것에게 영향을 미칠 수 없기 때문이다.

---

*"홀로 존재하는 둥그런 구형의 영역" : 아그리젠토 출신인 엠페도클레스(Empedocles, 493-433 B.C.)의 말을 인용한 것이다.

42

내가 나 자신에게 고통을 주는 것은 옳지 않다.

왜냐하면 나는 다른 사람에게조차도 고의로 고통을 준 적이 결코 없기 때문이다.

43

어떤 사람은 이것을 즐겁게 여기는가 하면 다른 사람은 다른 것을 즐겁게 여긴다.

그러나 내가 즐겁게 여기는 것은 남을 아무도 경멸 또는 외면하지 않은 채, 사람들에게 일어나는 일은 하나도 경멸 또는 외면하지 않은 채, 모든 것을 친절한 눈으로 바라보고 받아들이며 그 가치에 알맞게 이용하면서 나의 지배원리를 건전한 상태로 보존하는 것이다.

44

현재의 시간을 너의 것으로 만들라!

왜냐하면 사후의 명성을 추구하는 사람은 후세 사람들이 자기가 지금 참아 주기 힘들어 하는 현재의 사람들과 똑같은 사람들이고 양쪽 모두 또한 유한한 목숨으로 죽을 운명인 사람들임을 고려하지 않기 때문이다.

후세 사람들에게서 네가 얻을 명성, 그리고 너에 대해서 그들이 내릴 평판이 도대체 너와 무슨 상관인가?

45

나를 붙잡아서 네가 원하는 곳에 내던져라.

나는 그곳에서도 또한 나의 내면의 다이몬을 평온한 상태, 즉 그것이 자신의 고유한 기질이 요구하는 대로 느끼고 움직일 수 있는 것에 만족하는 상태로 보존할 것이다.

이러한 장소의 변경은 내 영혼이 불행해지고 종전보다 더 나쁘게 되며, 낙담하고 억압되며, 위축되고 두려워할 충분한 이유라도 된단 말인가?

46

사람에게 적합하지 않은 현상은 어느 누구에게도 전혀 일어날 수 없다.

황소의 본성에 적합하지 않은 현상도 황소에게 일어날 수 없고, 포도나무의 본성에 적합하지 않은 현상도 포도나무에 일어날 수 없으며, 돌에게 적합하지 않은 현상도 돌에게 일어날 수 없다.

그러면 만일 각 사물에게는 그것에게 일상적이고 자연스러운 현상만 일어난다면, 네가 불평할 이유가 어디 있는가?

우주의 본성은 네가 견딜 수 없는 현상은 하나도 너에게 초래할 수 없다.

47

네가 외부적 원인으로 고통을 당한다면, 너를 실제로 괴롭히고 있는 것은 그것이 아니라 그것에 대한 너의 판단이다. 그런데 바로 이 판단도 너는 즉시 없애버릴 수가 있다.

그러나 만일 너를 괴롭히고 있는 것이 너의 기질에 내재된 어떤 것이라면, 누가 너의 판단을 바로 잡는 일을 방해한단 말인가?

그리고 너 자신에게 올바르다고 보이는 어떤 특정한 일을 하지 않기 때문에 네가 고통을 받고 있다면, 불평하기보다는 왜 그 일을 단호하게 하지 않는가?

"그러나 극복할 수 없는 장애가 나로 하여금 그 일을 하지 못하게 방해하고 있다."

그렇다면 너 자신은 괴로워하지 마라. 왜냐하면 그 일이 이루어지지 못하는 원인은 너에게 달린 것이 아니기 때문이다.

"그러나 이 일을 이룰 수 없다면 나의 삶은 더 이상 살 가치가 없다."

그렇다면 너에게 닥친 장애들을 조금도 원망하지 않고 그것들에 대해 만족한 채, 마치 왕성한 활동으로 자신의 목적을 끝까지 달성한 사람이 죽기라도 하는 듯이, 평온하게 이 세상을 떠나라.

48

너의 지배원리는 자기 자신에게 물러가 평온하고 또 자기 자신에 대해 만족할 때, 그리고 비록 자신의 저항이 억지에 불과하다고 해도 자기가 원하지 않는 것은 전혀 하지 않을 때, 아무것도 그것을 굴복시킬 수 없다는 사실을 명심하라.

그렇다면 너의 지배원리가 논리와 심사숙고의 도움을 받아서 어떤 것에 대한 판단을 내릴 때는 얼마나 더 강인하게 굴복을 거부할 수가 있겠는가?

바로 이러한 이유 때문에 격정에서 해방된 정신은 견고한 요새이다. 왜냐하면 사람에게는 이것보다 더 안전한 피난처도 없고, 항상 난공불락의 상태를 이것보다 더 잘 유지해 주는 곳도 없기 때문이다.

따라서 이 사실을 이해하지 못한 사람은 무식하지만, 이것을 이해하고도 이 피난처로 피신하지 않는 사람은 불행하다.

49

최초의 인상들 또는 즉각적 인식이 전해 주는 것 이상으로는 아무것도 곰곰 생각하지 마라.

어떤 사람이 너의 험담을 한다는 말을 네가 전해 들었다고 가정하라. 네게 전해진 것은 그 사실 뿐이지, 네가 피해를 입었다는 말은 네게 전해지지 않았다.

나는 내 아들이 병들었다는 것을 안다. 내가 아는 것은 그 사실 뿐이지 그 애가 위독하다는 것은 내가 모른다.

그러므로 이와 같이 항상 최초의 인상들에게만 주목할 뿐, 너의 생각은 전혀 추가하지 마라. 그러면 너는 아무런 피해도 입지 않을 것이다.

그렇지 않다면 차라리 이 세상에서 일어나는 모든 일을 알고 있는 사람처럼 어떤 것을 추가하라.

50

오이가 쓴가? 그러면 그것을 내버려라. 길에 찔레가시덤불이 있는가? 그렇다면 그것을 피해서 가라. 그렇게 하는 것으로 충분하다.

"이러한 것들이 왜 세상에 생겨났는가?"라는 질문을 여전히 던지지는 마라. 그렇지 않으면 너는 자연을 연구해서 잘 아는 사람으로부터 조롱을 받을 것이다.

그것은 마치 네가 목수와 구두 만드는 사람의 작업장에서 그들이 만드는 물건에서 나온 대팻밥과 잘려진 가죽조각들을 본다고 해서 그들을 비난한다면, 그들이 너를 조롱할 것이 분명한 것과도 마찬가지이다.

그런데 목수와 구두 만드는 사람에게는 대팻밥과 잘려진 가죽조각들을 던져버릴 장소가 있는 반면에, 우주의 본성에게는 자기 자신 바깥의 다른 장소가 없다.

그러나 우주의 본성이 지닌 기술에는 놀라운 부분이 있다.

즉 우주의 본성은 비록 자기 자신을 제한한다고 해도, 자기 안에서 썩고 낡고 무용지물이 되는 것처럼 보이는 모든 사물을 변화시켜 자기 자신 안에 받아들이는가 하면, 바로 이 사물들을 이용하여 다른 새로운 사물들을 만들어 내기 때문에, 외부의 실체를 필요로 하지도 않고, 썩는 것들을 내버릴 수 있는 장소를 원하지도 않는다.

따라서 우주의 본성은 자기 자신의 공간, 자기 자신의 질료, 그리고 자기 자신의 기술에 대해 만족한다.

51

너의 행동에는 소홀함이 없도록 하라.
너의 말에는 부조리함이 없도록 하라.
너의 생각에는 혼란이 없도록 하라.

너의 영혼에는 내부적 갈등도 외부적 흥분도 없도록 하라.

여가를 누릴 수 없을 정도로 너무 분주하게 생활하지도 마라.

사람들이 너를 죽이고 난도질하고 저주한다고 가정하라. 이러한 것들은 너의 정신이 순수하고 맑고 깨어 있고 올바른 상태에 머물러 있는 것을 어떻게 막을 수 있겠는가?

이것은 마치 어떤 사람이 맑고 순수한 샘가에서 걸음을 멈추고 샘물을 향해 욕을 퍼붓기 시작하지만, 샘은 마실 물을 계속해서 샘솟게 하는 것과 마찬가지이다.

또한 그 사람이 진흙이나 오물을 샘에 던져도 샘은 그것을 즉시 흩어 버리고 씻어 내려서 조금도 오염되지 않는 것과 마찬가지이다.

그러면 너는 단순한 우물이 아니라 영구적인 샘을 어떻게 너 자신 안에 가질 수가 있는가? 만족, 평온, 단순함, 겸손으로 매순간마다 너의 자유를 오염되지 않은 채 순수하게 보존한다면 그러한 샘을 가질 수가 있다.

52

온 세상이 무엇인지 모르는 사람은 자기가 어디 있는지 모른다.

온 세상이 무슨 목적으로 존재하는지 모르는 사람은 자기 자신이 누구인지도 모르고 온 세상이 무엇인지도 모른다.

이러한 문제들 가운데 하나라도 소홀히 해서 모르는 사람은 자기 자신이 무슨 목적을 위해 태어났는지조차 말할 줄 모를 것이다.

그러면 자기가 어디에 있는지 또는 자기가 누구인지도 모르면서 박수갈채를 보내는 사람들의 칭송을 피하거나 추구하는 사람에 대해서 너는 무엇이라고 생각하는가?

53

너는 매 시간마다 세 번이나 자기 자신을 저주하는 사람의 칭송을 받기를 바라는가?

자기 자신에 대해서도 만족하지 못하는 사람의 비위를 너는 맞추어 주려고 하는가?

자기가 하는 일의 거의 전부를 후회하는 사람이 혹시라도 자기 자신에 대해 만족할 수 있겠는가?

54

너를 둘러싸고 있는 공기와 협력하여 숨을 쉬는 일에만 더 이상 국한되지 말고, 이제는 너의 정신이 모든 것을 감싸는 정신과 협력하여 생각을 하도록 하라.

왜냐하면 공기가 숨을 쉴 수 있는 사람의 안으로 침투하는 것과 마찬가지로, 정신의 힘은 자기를 흡수하고 싶어 하는 사람의 모든 부분들에게 분산되어 침투하기 때문이다.

55

일반적으로 말하자면, 사악함은 온 세상을 전혀 해치지 않는다.

특히 한 개인의 사악함은 다른 사람을 해치지 않는다. 한 개인의 사악함은 오로지 그것에서 벗어날 수 있는 능력을 가지고 있으면서도 그것을 선택하는 사람만, 그가 그것을 선택하자마자 해친다.

56

나의 자유의지에게는 나의 이웃의 자유의지가 그의 숨결과 육체와 마찬가지로 무관한 것이다.

왜냐하면 비록 우리가 특히 서로 상대방을 위해서 태어났다고 해도 각자가 지닌 지배원리는 각각 배타적인 영역을 가지고 있기 때문이다.

그렇지 않다면 나의 이웃의 사악함은 나를 해칠 것이지만, 나의 불행이 다른 사람에게 달려 있지 않도록 하기 위해 신은 이것을 바라지 않았다.

57

태양은 높은 곳에서 햇빛을 한없이 쏟아 붓는 것처럼 보인다. 사실 태양은 사방에 햇빛을 발산하지만 햇빛이 유출되어 고갈되지는 않는다. 왜냐하면 햇빛의 이 발산은 확장이기 때문이다. 따라서 태양의 광선은 확장된 것이므로 '확장' 이라는 명칭으로 불린다.

어두운 방에 뚫린 좁은 구멍으로 통과하는 광선을 사람이 본다면 그는 광선이 어떤 종류인지 판단할 수 있다. 즉 광선은 직선으로 확장되어 있는데, 중간을 가로 막아 광선이 그 이상 다른 부분의 공기에 들어가지 못하게 하는 고체를 만나면 분리된다. 그러나 광선은 그 고체에 고정된 채 남아 있으며 미끄러지거나 떨어지지 않는다.

정신도 이와 마찬가지로 빛을 쏟아 붓고 발산하지 않으면 안 된다. 또한 확장을 해야지 결코 유출되어 고갈되어서는 안 된다.

길을 가로 막는 장애들과 격렬하거나 충동적인 충돌을 일으켜서도 안 된다.

아래로 떨어져서도 안 되고, 오히려 고정되어 있어야 하며 빛을 받아들이는 대상을 비추어 주어야 한다. 왜냐하면 이 대상은 빛을 반사하지 않으면 빛을 잃을 것이기 때문이다.

58

죽음을 두려워하는 사람은 감각의 완전한 상실을 두려워하거나 다른 종류의 감각을 가지게 되는 것을 두려워한다.

그러나 너에게 감각이 더 이상 없게 된다면 너는 아무런 피해도 느끼지 않을 것이다.

반면에 만일 다른 종류의 감각을 얻게 된다면, 너는 다른 종류의 생물이 될 것이고 따라서 너의 삶은 그치지 않을 것이다.

59

사람은 서로 상대방을 위해서 존재한다. 그러므로 그들을 가르쳐 주거나 아니면 참아 주어라.

60

화살이 날아가는 방향과 정신이 날아가는 방향은 서로 다르다. 그러나 정신은 자신이 탐구하는 대상에게 모든 주의를 집중할 때는 목표에 도달하기 위해 화살 못지않게 똑바로 날아간다.

61

다른 모든 사람의 지배원리에 들어가라.

그리고 다른 모든 사람도 또한 너의 지배원리 안에 들어오게 하라.

제 *9*권

1

불의하게 행동하는 사람은 불경스러운 행동을 하는 것이다.

우주의 본성은 이성적 동물들을 서로 상대방을 위해 존재하도록, 남을 조금도 해치지 않은 채 각자의 장점에 따라 서로 돕도록 창조한 만큼, 우주의 본성의 뜻을 거스르는 사람은 가장 존경할 만한 신성을 거스르는 불경죄를 저지르는 것이 분명하다.

왜냐하면 우주의 본성은 존재하는 사물들의 본성이고, 존재하는 사물들은 앞으로 존재하게 될 모든 사물과 긴밀하게 연결되어 있기 때문이다.

그리고 거짓말을 하는 사람도 또한 가장 존경할 만한 신성을 거스르는 불경죄를 저지른다. 왜냐하면 그 신성은 진실이라고 불리며 진실한 모든 것의 최초의 원인이기 때문이다.

따라서 고의로 거짓말을 하는 사람은 자신의 거짓말로 불의하게 행동하는 그만큼 불경죄를 저지른다. 한편 본의 아니게 거짓말을 하는 사람은 우주의 본성과 부조화를 이루는 그만큼, 우주의 자연적 조화와 대립하여 질서를 교란하는 그만큼 불경죄를 저지른다.

진실과 반대되는 것에 본의 아니게 기울어지는 사람은 우주의 자연적 조화와 대립한다. 왜냐하면 그는 자연이 자기에게 부여해 준 능력을 소홀히 했고, 그 결과 이제는 허위와 진실을 더 이상 구별할 수 없기 때문이다.

또한 쾌락을 마치 그것이 유익한 것인 듯이 보고 추구하고, 고통을 마치 그것이 해로운 것인 듯이 보고 피하는 사람도 불경죄를 저지른다.

왜냐하면 이러한 사람은 우주의 본성을 자주 비난하게 마련이기 때문이다. 즉 우주의 본성이 선한 사람들과 악인들에게 각자의 공적에 어긋나는 운명을 분배해 주었고, 그래서 악인들은 쾌락 속에서, 그리고 쾌락을 주는 사물들을 풍성하게 누리면서 사는 반면에, 선한 사람들은 고통에, 그리고 고통을 초래하는 사물들에 시달리면서 산다고 비난하는 것이다.

게다가 고통을 두려워하는 사람은 앞으로 세상에서 일어날 어떤 일들을 때로는 두려워할 것인데, 바로 이것도 불경죄를 저지르는 것이다.

그리고 쾌락을 추구하는 사람은 쾌락을 추구하기 때문에 불의를 멀리하지 않을 것인데, 바로 이것도 분명히 불경죄를 저지르는 것이다.

한편 우주의 본성을 충실히 따르기를 바라는 사람은 그것이 차별 없이 대하는 사물들을 자기도 차별 없이 대하지 않으면 안 된다.

왜냐하면 우주의 본성은 상반되는 사물들을 차별 없이 대하지 않았더라면 그것들을 만들어 내지도 않았을 것이기 때문이다. 우주의 본성은 고통과 쾌락, 생사, 명예와 불명예를 차별 없이 이용한다. 따라서 이러한 것들을 차별 없이 대하지 않는 사람은 분명히 불경죄를 저지르고 있다.

우주의 본성이 상반되는 사물들을 차별 없이 이용한다는 나의 말의 의미는 섭리의 어떤 최초의 움직임 덕분에 연속적인 순서 안에서 태어나는 사람들과 그들 뒤에 태어나는 사람들에게 이러한 것들이 똑같이 닥친다는 것이다.

그런데 섭리는 앞으로 존재하게 될 사물들의 어떤 원리들을 창안해 내면서, 또한 실체들, 변화들, 그리고 연속되는 이와 유사한 것들을 생성해 내는 힘을 결정하면서, 이 최초의 움직임에 따라 어떤 최초의 시작으로부터 현재 사물들의 질서에 이르기까지 움직여

온 것이다.

2

거짓말, 위선, 방탕, 오만을 전혀 겪어 보지 않은 채 이 세상을 하직하는 것이 가장 행복한 운명일 것이다.

그리고 이러한 것들에 대해 적어도 구역질이 날 때 마지막 숨을 내쉬는 것은 바다에서 불운한 항해를 마치고 긴급탈출의 조치를 취하는 것과도 같다. 즉 이것은 속담에서 말하는 바와 같이 두 번째로 잘 된 항해인 것이다.

너는 이러한 너의 악덕들에게 계속해서 시달리기로 작정했는가? 너의 경험은 이러한 역병을 피하라고 아직 너를 설득하지 못했단 말인가?

왜냐하면 정신의 부패는 우리를 둘러싼 공기의 오염과 변질보다 한층 더 고약한 역병이기 때문이다. 즉 공기의 오염과 변질은 동물이 동물인 한 그것들에게 역병인 반면, 정신의 부패는 사람이 사람인 한 그들에게 역병인 것이다.

3

죽음을 경멸하지 말고 오히려 소중하게 여기고 그것에 대해 만족하라. 왜냐하면 죽음도 또한 자연이 바라는 것들 가운데 하나이기 때문이다.

젊은이가 되는 것, 나이 들어 늙어가는 것, 성장하고 성숙한 인간이 되는 것, 이빨이 나고 수염이 자라고 머리카락이 백발이 되는 것, 자녀를 낳는 것, 임신하고 출산하는 일, 그 외의 다른 모든 자연적 작용들이 너의 인생의 각종 단계에 수반되는 것과 마찬가지로 분해, 즉 죽음도 또한 그렇게 너에게 수반되는 것이다.

그러므로 죽음에 대해서 소홀히 하지도 않고 적대하지도 않고 경멸하지도 않으며 오히려 자연적 작용들 가운데 하나로 기다리는 것이 이성적 동물의 본성에 적합한 것이다.

네가 지금 너의 아내의 배에서 아기가 나올 때를 기다리고 있는 것처럼, 너의 영혼이 이 육체라는 껍질을 버리고 떠날 때에 대비하라.

그런데 저속하기는 하지만 그래도 너의 마음에 드는 어떤 위안이나 원칙을 네가 바란다면, 그것은 네가 영원히 작별한 사물들과 너의 영혼을 더 이상 구속하거나 오염시키지 못할 각종 습관들에 대해 심사숙고해 보는 것이 너를 죽음 앞에서 완전히 평온하게 만들어 줄 것이라는 사실이다. 왜냐하면 너는 아무에게도 나쁜 감정을 품어서는 안 되고 오히려 다른 사람들을 보살피고 참아 주어야만 하기 때문이다.

또한 너는 너와 똑같은 원칙들을 가지고 있는 사람들로부터 떠나가는 것은 아니라는 사실도 명심하라. 사실 너와 똑같은 원칙들을 가지고 있는 사람들과 함께 살 수 있다는 생각, 오로지 이 생각만이 너를 여전히 이승의 삶을 향해 잡아당기고 그것에 너를 연결시켜 줄 수 있을 것이다.

반면에 너는 함께 사는 사람들의 불화에서 얼마나 많은 괴로움이 발생하는지 잘 알고 있다. 그래서 너는 "오, 죽음이여, 빨리 오라. 왜냐하면 어찌 해야 좋을지를 어쩌면 나도 모르게 될까 염려되기 때문이다."라고 소리치게 될지도 모른다.

4

잘못을 저지르는 사람은 자기 자신을 거슬러서 잘못을 저지른다.

불의한 행동을 하는 사람은 자기 자신을 거슬러 불의한 행동을 한다. 왜냐하면 그는 자기 자신을 나쁘게 만들기 때문이다.

5

어떤 행동을 하는 사람만 불의하게 행동하는 것이 아니라, 어떤 행동을 하지 않는 사람도 또한 자주 불의하게 행동한다.

6

현재의 시점에서 너의 판단이 올바르다면, 현재의 시점에서 너의 행동이 공동의 이익을 위한 것이라면, 외부적 원인으로 일어나는 모든 현상에 대해 현재의 시점에서 너의 기질이 만족한다면, 그것으로 충분하다.

7

헛된 망상을 버려라. 본능을 억제하라. 욕망을 없애라.

너의 지배원리가 자기 능력을 발휘하여 자유로운 상태에 머물도록 하라.

8

이성이 없는 동물들에게는 단 하나의 생명력이 분배되었지만, 이성적 동물들에게는 단 하나의 이성적 영혼이 분배되어 있다. 이것은 흙의 본성에 속하는 모든 사물 안에 단 하나의 흙이 들어있고, 시력과 생명을 가진 우리 모두가 단 하나의 빛으로 보고 단 하나의 공기로 숨을 쉬는 것과 마찬가지이다.

9

자기들 사이에 공통된 어떤 것을 지닌 모든 사물은 자기와 같은 종류의 것을 향해서 움직인다.

흙의 속성을 지닌 모든 것은 흙을 향해서 끌리고, 액체 상태의 모든 것은 다른 액체와 함께 흐르며, 공기의 속성을 지닌 것도 이와 같이 움직이며, 이러한 것들을 분리해서 유지하려면 어떤 장애의 존재와 힘의 적용이 필요하다.

불은 그것을 구성하는 요소들 때문에 위로 향해 움직이지만, 지상에 있는 모든 불과 함께 탈 준비가 너무나도 잘 되어 있어서 약간 건조한 것은 무엇이든지 쉽게 불탄다. 왜냐하면 연소를 막는 장애가 건조한 것에는 비교적 매우 적기 때문이다.

공통된 이성적 본성에 참여하는 이성적 동물들도 이와 마찬가지로, 또는 이것보다 더 심한 정도로, 자기와 같은 종류의 것을 향해서 움직인다. 왜냐하면 이성적 동물들은 다른 모든 사물에 비해 우월한 만큼, 자기와 같은 종류의 것과 뭉치고 융합하려는 경향이 한층 더 강하기 때문이다.

사실 예전부터 우리는 이성이 없는 동물들 사이에서 벌떼, 가축의 무리, 어린 새들의 양육, 그리고 그것들 나름대로의 사랑을 발견한다. 왜냐하면 심지어 동물들에게도 하나의 활력적 정신이 들어 있는가 하면, 함께 뭉쳐서 무리를 지으려는 경향도 들어 있기 때문이다.

풀, 광물, 나무에게서는 찾아볼 수 없는 이러한 경향은, 동물들의 경우 풀이나 광물이나 나무보다 한층 더 우월하기 때문에 더욱 강하다.

그런데 이성적 동물들 사이에는 정치적 공동체들, 우정, 가족, 사람들의 집회, 그리고 전쟁 중에는 조약과 휴전이 있다. 또한 이성적 동물보다 한층 더 우월한 존재들 사이에는 별들의 경우처럼 각각 서로 떨어져서 있다 해도 일종의 결합이 있다. 이처럼 완성의 단계가 더 높은 종류를 향해 올라가는 것은 심지어 서로 멀리 떨어진 것들 사이에도 상응관계나 공감을 일으킬 수 있다.

그러나 오늘 무슨 일이 일어나는지 살펴보라.

오로지 이성적 동물들만이 서로 상대방을 향해서 끌리는 이 결합의 경향을 이제 잊어버렸고, 합류해서 함께 흘러가려는 성질은 오로지 이성적 동물들 사이에서만 이제 더 이상 보이지 않는다.

그러나 사람들은 아무리 결합을 피하려고 애쓴다 해도 여전히 결합하려는 경향에 이끌리고 그것에 의해 유지된다. 왜냐하면 사람의 본성의 힘이 그들에게 너무나도 강하기 때문이다. 내가 하는 말을 잘 생각해 보기만 한다면 너는 그것을 깨달을 것이다.

그러면 다른 모든 사람들과 동떨어진 어떤 사람보다는 흙의 속성을 가진 다른 모든 것과 전혀 무관한 흙의 속성을 가진 것을 발견하기가 무엇보다도 더 쉬울 것이다.

10

사람과 신과 우주는 각각 결실을 만들어 내는데, 각각 자신의 고유한 계절에 그 결실을 낸다.

그러나 관용법이 이러한 용어를 포도나무와 그와 유사한 것들에게 특별히 한정시켰다 해도 그것은 아무 상관도 없다.

또한 이성은 모든 것을 위한 결실과 자기 자신을 위한 결실을 낸다. 또한 이성으로부터는 이성 자체와 유사한 다른 결과들, 즉 이성적인 것들이 나온다.

11

네가 남의 잘못을 고쳐 줄 수 있다면 잘못하는 사람을 가르쳐서 고쳐 주어라.

그러나 그렇게 할 수 없다면 관용이 이러한 경우를 위해 너에게 부여되었다는 사실을 명심하라.

심지어는 신들마저도 남에게 관용을 베푸는 사람들에게 관대하다. 그리고 신들은 그러한 사람들이 건강, 재산, 명성 등을 얻도록 어떤 목적 아래 돕기까지 하며 그들에게 그토록 친절하다.

그런데 너도 남들에게 관용을 베풀 수 있다. 달리 말하자면, 네가 이렇게 하는 것을 누가 막겠는가?

12

일에 지쳐서 불행해지기라도 하는 사람처럼 일하지도 말고, 남의 동정이나 경탄을 받으려고 하는 사람처럼 일하지도 마라.

너는 오로지 한 가지만 바라지 않으면 안 된다. 그것은 공동의 이익의 논리가 요구하는 대로 네가 일에 전념하거나 아니면 너 자신을 억제하여 조용히 있는 것이다.

13

오늘 나는 모든 걱정거리들을 피했거나 아니면 차라리 모두 내버렸다.

왜냐하면 걱정거리는 나의 외부에 있는 것이 아니라 나의 내면에, 그리고 내가 그것에 대해 내리는 판단 안에 있기 때문이다.

14

모든 사물은 똑같다.

즉 그것들은 경험에 있어서는 친숙한 것이고, 시간에 있어서는 덧없는 것이며, 중요성에 있어서는 무가치한 것이다.

현재의 모든 것은 우리가 이미 매장된 사람들의 시대에 있었던 것들과 완전히 똑같다.

15

사물들은 우리 외부에 존재하고 각각 자기 힘으로 존재하며, 자기 자신에 대해 전혀 모르고 자기 자신에 대한 판단을 선언할 줄도 모른다.

그러면 그것들에 대한 판단을 선언하는 것은 무엇인가? 그것은 지배원리이다.

16

이성적이고 사회적인 동물의 이익과 피해는 그에게 닥치는 일이 아니라 그가 하는 일에 달려 있다.

이것은 그의 미덕과 악덕이 그에게 닥치는 일이 아니라 그가 하는 일에 달려 있는 것과 동일하다.

17

위로 높이 던져진 돌에게는 아래로 떨어지는 것도 피해가 아니고, 위로 이미 던져진 것도 아무런 이익이 아니다.

18

다른 사람들의 지배원리를 깊이 꿰뚫어 보라.

그러면 너는 어떠한 판단자들을 네가 두려워하는지, 그들은 그들 자신에 대해 어떠한 종류의 판단자들인지를 알게 될 것이다.

19

모든 것은 변한다.

너 자신도 변화를 계속하고 있고, 어떤 의미에서는 계속해서 분해되고 있다.

우주 전체도 또한 이와 같다.

20

너는 다른 사람의 잘못된 행동을 그것이 취해지는 곳에 그대로 내버려 두지 않으면 안 된다.

21

행동, 움직임, 판단의 종료는 중지이며 일종의 죽음과 유사한 것이지 해로운 것은 아니다. 예를 들어서 이제 너의 유년기, 청년기,

장년기, 노년기 등 너의 인생의 여러 단계들을 생각해 보라. 이 단계들에게도 변화는 모두 죽음이었다. 이것이 두려워할 것이었던가?

이제 또 너는 할아버지의 지도 아래, 그 다음에는 어머니의 지도 아래, 그 다음에는 양부의 지도 아래 보낸 너의 생활을 생각해 보라. 그리고 차이와 변화와 종료를 발견할 때마다 "이것이 두려워할 것이었던가?"라고 항상 생각하라.

그러면 이와 마찬가지로 너의 생애 전체의 종료, 중지, 변화에 있어서도 두려워할 것은 하나도 없다.

22

너 자신의 지배원리, 우주의 지배원리, 그리고 너의 이웃사람의 지배원리를 서둘러 검토하라.

너의 지배원리를 검토하는 것은 그것을 올바르게 만들기 위한 것이다.

우주의 지배원리를 검토하는 것은 네가 무엇의 일부분인지를 명심하기 위한 것이다.

너의 이웃의 지배원리를 검토하는 것은 그가 고의로 또는 자기도 모르게 행동했는지를 네가 알아내고, 또한 그의 지배원리가 너의 그것과 같은 종류임도 아울러 고려하기 위한 것이다.

23

너 자신이 사회조직의 불가분의 일부분인 만큼 너의 모든 행동도 각각 사회생활의 불가분의 일부분이 되게 하라.

그러므로 사회적 목적과 직접적이든 간접적이든 전혀 관계가 없는 어떠한 행동도 모두 너의 생활을 갈가리 찢어 놓아 일관성을 이루지 못하게 방해하며, 마치 어떤 사람이 많은 사람의 집회나 민주주의 국가에서 공동의 합의를 무시한 채 독자적으로 행동하는 것처럼 반역행위에 속한다.

24

모든 것은 어린애들의 싸움과 장난, "시체를 끌고 다니는 가련한 영혼들"과 같은 것이다. 그렇기 때문에 죽은 사람들의 저택들을 묘사할 때 드러나는 것이 우리 눈에 한층 더 선명하게 보인다.

> "시체를 끌고 다니는 가련한 영혼들" : 에픽테토스의 말을 인용한 것이다.

25

어떤 대상물의 형상, 즉 원인의 성질을 검토하라. 그리고 그 원인을 그 사물의 질료적 부분으로부터 분리하라. 그런 다음에 그 대상물 자체를 자세히 관찰하라.

그런 다음에 그 특정 형상의 사물이 그 본성에 따라 견지될 수 있는 최대한의 기간을 판정하라.

26

너는 너의 지배원리가 그 본성에 따라 당연히 해야만 할 일을 할 때 그 지배원리에 대해 만족하지 않기 때문에 무한한 괴로움을 겪어 왔다. 그러나 이제부터는 그렇게 하지 마라.

27

다른 사람이 너를 비난하거나 미워할 때, 또는 사람들이 너를 악평할 때, 너는 그들의 가련한 영혼들에게 접근하고 그것들을 꿰뚫어 보려고 애쓰며 그들이 어떤 종류의 사람들인지 살펴보라.

그러면 그들이 너에 대해 이러저러한 판단을 내린다고 해서 네가 괴로워할 이유는 전혀 없다는 사실을 알게 될 것이다.

그러나 너는 그들에게 호감을 품고 있지 않으면 안 된다. 왜냐하면 그들은 본성에 따라 너의 친구들이고, 또한 신들도 그들이 각자 관심을 가지고 있는 것들을 얻도록 꿈, 조짐, 신탁 등 모든 방법으로 그들을 돕기 때문이다.

28

위로 올라가고 아래로 내려가는 우주의 주기적 움직임들은 영원에서 영원까지 영구적으로 동일하다.

또는 우주의 정신은 모든 개별적인 경우를 위해서 움직인다. 만일 그러하다면 너는 우주의 움직임의 결과에 대해서 만족하라.

또는 우주의 정신은 영원한 기간 동안 단 한 번만 유일한 움직임을 취했고 여기서 나오는 다른 모든 것은 필연적인 결과에 불과하다.

또는 불가분의 요소들이 모든 것의 기원이다.

그렇다면 너는 왜 괴로워하는가?

우주가 신의 지배를 받는다면 모든 것은 잘될 것이다.

또는 우주가 우연의 지배를 받는다면, 어떤 식으로든 분자들과 원자들의 지배를 받는다면, 너도 또한 우연의 지배를 받도록 하지는 마라.

흙이 곧 우리 모두를 덮을 것이고 그 다음에는 흙도 변해서 다른 것이 될 것이며, 이렇게 변화에서 생긴 다른 것도 영원히 다른 것으로 변하고, 이렇게 생긴 것들도 또 영원히 다른 것으로 변할 것이다.

파도가 끊임없이 밀려오듯이 계속해서 꼬리에 꼬리를 무는 변화와 변모, 그리고 그 빠른 속도를 심사숙고하는 사람은 소멸할 운명의 모든 것을 경멸하지 않을 수가 없을 것이다.

29

우주의 원인은 모든 것을 휩쓸어 흘러가 버리는 겨울철의 격류와 같다.

그러나 정치문제에 관여하고 자기 나름대로 철학자의 역할을 하고 있다고 생각하는 이 가련한 모든 사람들은 얼마나 무가치한가! 그들은 모두 헛소리나 지껄이는 사람들이다.

그렇다면 나의 친구여! 너는 어떤가?

본성이 지금 요구하는 것을 하라. 네가 행동을 할 수 있다면 지금 행동을 하라. 그리고 누군가가 너의 행동을 보지나 않을까 두리번거리며 걱정하지 마라.

플라톤의 이상국가론에 기대를 걸지도 말라. 다만 가장 작은 일이 잘된다면 그것으로 만족하는 한편, 가장 작은 일이 결코 하찮은 일은 아니라고 생각하라.

정치가이자 위대한 철학자라고 자처하지만 사실은 버릇없는 어린애에 불과한 사람들은 얼마나 비열한가! 누가 그들의 생각을 변경시킬 수 있겠는가? 그들이 생각을 바꾸지 않는다면, 신음하는 한편 복종하는 척하는 사람들의 노예상태 이외에 무엇이 남겠는가?

자, 그러면 알렉산드로스, 필리포스, 팔레룸 출신의 데메트리오스에 관해 말해 보라.

우주의 본성이 원하는 것을 그들이 깨달았는지, 그리고 그에 따라 스스로 훈련되었는지에 대해서는 그들 자신이 판단할 것이다. 그러나 만일 그들이 비극의 영웅들처럼 행동했다면 내가 그들을 본받는 것을 아무도 비난하지 못한다.

철학의 작업은 단순하고 신중하며 품위 있는 것이다. 나를 나태와 오만 쪽으로 끌어가지 마라.

> 6∂ 필리포스(Philippos) : 알렉산드로스 대왕의 아버지이며 마케도니아의 왕인 필리포스 2세(359-336 B.C.)를 가리킨다.
> 6∂ 팔레룸(Phalerum) 출신의 데메트리오스(Demetrios) : 철학자이자 웅변가로서 기원전 317년부터 307년까지 아테네를 통치했다.

30

사람들의 무수한 집단들, 그들의 무수한 예식들, 태풍이 불 때와 파도가 잔잔할 때의 무한히 다양한 항해들, 태어나는 사람들, 함께 사는 사람들, 그리고 죽는 사람들 사이의 차이 등을 높은 곳에서 내려다보면서 깊이 생각해 보라.

또한 과거에 한때 다른 사람들이 살았던 삶, 너보다 뒤에 다른 사람들이 살아갈 삶, 현재 야만민족들이 살아가는 삶도 깊이 생각해 보라.

그리고 얼마나 많은 사람들이 너의 이름조차 모르고 얼마나 많은 사람들이 너의 이름을 곧 잊어버릴 것인지, 얼마나 많은 사람들이 아마 지금은 너를 칭송하겠지만 내일은 너를 비난할 것인지, 그리고 사후의 이름도 명성도 그 외의 그 어떠한 것도 모두 무가치하다는 사실도 아울러 깊이 생각해 보라.

31

외부적 원인에서 발생하는 현상들에 대한 불안과 염려에서 벗어나라.

반면에 너의 내면적 원인에서 발생하는 일들을 올바르게 하라.

즉 너의 움직임과 행동이 공동의 이익이라는 유일한 목적에 따라서만 이루어지도록 하라. 왜냐하면 이것은 너의 본성에 부합하기 때문이다.

32

너를 귀찮게 하고 염려를 끼치는 것들 가운데 쓸데없는 것들을 너는 많이 없앨 수가 있다. 왜냐하면 그것들은 너의 의견 안에 들어 있는 것에 불과하기 때문이다.

그리고 나면 너의 정신이 우주 전체를 이해하고 영원한 시간을 명상함으로써, 모든 개별 사물들의 급속한 변화, 생성에서 분해까지 그 기간이 얼마나 짧은지, 분해 이후의 시간이 무한한 것과 마찬가지로 생성 이전의 시간도 무한하다는 사실을 관찰함으로써 너는 광대한 공간을 얻게 될 것이다.

33

네가 보는 모든 사물은 매우 빨리 소멸할 것이다. 그리고 그것들의 소멸을 본 사람들도 역시 매우 빨리 소멸할 것이다.

그리고 가장 오랫동안 장수한 사람도 매우 빨리 요절한 사람과 똑같은 상태에 이를 것이다.

34

이 사람들의 지배원리는 무엇이고, 그들은 어떤 종류의 일로 분주하며, 무슨 이유로 사랑하고 칭송하는가?

너는 그들의 영혼의 적나라한 모습을 바라보는 습관을 길러라.

그들은 자신의 비난으로 남을 해치고 자신의 칭송이나 아첨으로 남에게 이익을 준다고 생각하지만, 이 얼마나 헛된 억측인가!

35

상실이란 변화에 불과하다.

그러나 우주의 본성은 변화를 기뻐하며, 모든 것은 우주의 본성의 목적에 따라 현재 잘 이루어지고 있고, 이와 동일한 방식으로 과거의 무한한 시간 속에서도 이루어졌고 앞으로 무한한 시간 속에서도 그렇게 이루어질 것이다.

그런데도 너는 "모든 것은 사악한 것이었고 앞으로도 영원히 그럴 것이다."라고 말하는가? 또한 이토록 많은 신들 사이에서 이 모든 것을 바로 잡을 힘이 발견된 적이 전혀 없고, 세상은 사악한 것들에게 영원히 시달리도록 단죄되었다고 말하는가?

36

모든 사물의 기초가 되는 질료의 부패를 보라!

물, 먼지, 뼈는 오물이다. 또한 대리석은 흙이 응고한 것이고, 금과 은은 흙이 침전한 것이며, 옷은 약간의 동물의 털이고, 자주색 염료는 피다.

그 외의 다른 모든 것도 이와 동일하다.

그리고 호흡의 본성에 속하는 것도 이와 마찬가지다. 그것은 변화하여 한 요소에서 다른 요소로 이전한다.

37

이 불행하고 비참한 인생, 불평을 늘어놓는 일, 원숭이의 잔재주를 부리는 일을 이제는 끝낼 때가 되었다.

너는 왜 불안에 떠는가? 여기 무슨 새로운 것이 있는가? 무엇이 너를 불안하게 만드는가? 사물의 형상, 즉 원인인가? 그것을 잘 검토해 보라. 아니면, 질료인가? 그것을 잘 검토해 보라. 그러나 이것들, 즉 형상과 질료 이외에는 아무것도 없다.

신들 앞에서 더욱 단순하고 선해지도록 노력하는 것 이외에는 아무것도 없다. 이것들을 백 년, 아니, 삼백 년 동안 잘 검토해 본다고 해도 결과는 역시 마찬가지이다.

38

어떤 사람이 잘못을 저지른다면, 피해는 그 사람 자신이 입는다. 그러나 어쩌면 그는 잘못을 저지르지 않았을지도 모른다.

39

모든 사물은 단일한 이성적 원천으로부터 단일한 물체처럼 나왔고, 따라서 각 부분은 전체의 이익을 위해 이루어지는 일을 비난해서는 안 된다.

또는 존재하는 것은 원자들뿐이고 기계적 혼합과 분산 이외에는 아무것도 없다.

그렇다면 너는 왜 불안에 떠는가?

너의 지배원리에게 이렇게 말하라.

"너는 죽었는가? 너는 썩었는가? 너는 위선자인가? 너는 짐승인가? 너는 가축인가? 그래서 다른 가축들과 함께 풀을 뜯고 있는가?"

40

신들에게는 능력이 있거나, 아니면 없다.

만일 그들에게 능력이 없다면 너는 왜 기도하는가?

만일 그들에게 능력이 있다면 어떤 일이 너에게 일어나거나 일어나지 않도록 기도하기보다는 네가 아무것도 두려워하지 않도록, 아무것도 바라지 않도록, 아무런 고통도 당하지 않도록 왜 기도하지 않는가? 그들은 사람들을 도울 수 있다면 이러한 것들에 관해서 너를 또한 도울 수 있을 것이다.

그러나 너는 "신들은 이러한 것들을 내가 스스로 처리하도록 만들었다."고 말할지도 모른다. 그렇다면 네 힘이 미치지 않는 것들을 비참한 노예처럼 분주하게 추구하기보다는 네 힘이 미치는 것들을 자유인으로서 이용하는 것이 더 낫지 않은가?

또한 우리 힘이 미치는 것들에 대해서는 신들이 우리를 돕지 않는다고 누가 네게 말했던가? 그러므로 그러한 것들에 대해서도 기도를 시작하라. 그러면 너는 그 결과를 보게 될 것이다.

어떤 사람은 "내가 저 여자와 동침할 수 있게 해주십시오."라고 기도한다. 그러나 너는 "내가 저 여자와 동침하기를 원하지 않게 해주십시오."라고 기도하라.

어떤 사람은 "내가 저 사람에게 더 이상 시달리지 않게 해주십시오."라고 기도한다. 그러나 너는 "내가 저 사람에게 시달린다고 생각하지 않게 해주십시오."라고 기도하라.

또 어떤 사람은 "내가 어린 아들을 잃지 않게 해주십시오."라고 기도한다. 그러나 너는 "내가 어린 아들을 잃기를 두려워하지 말게 해주십시오."라고 기도하라.

한마디로 말하자면 너는 이렇게 내용을 바꾸어서 기도하라. 그리고 그 결과를 기다려 보라.

41

에피쿠로스는 이렇게 말한다.

"병을 앓고 있는 동안에 나는 나의 육체적 고통에 관해서도, 그와 유사한 화제에 관해서도 나를 위문하러 찾아온 사람들과 이야기하지 않았다.

오히려 나는 그들과 함께 종전과 다름없이 사물들의 본성에 관해, 학문의 근본원리들에 관해 토론했다. 이때 나는 정신이 가련한 육체의 움직임들을 인식하면서도 어떻게 평온을 유지하고 자신의 고유한 기능을 지속하는지에 대해 특히 유의하였다.

또한 의사들에게 마치 대단한 일이나 하는 듯이 엄숙한 표정을 짓고 오만한 태도를 취할 기회도 주지 않았다. 그러나 나는 평온하고 행복하게 살아왔다."

그러므로 너도 병이 들었을 때는 그가 병들었을 때 한 것과 똑같이 행동하고, 그 이외의 다른 경우에도 역시 그를 본받아 똑같이 행동하라.

왜냐하면 철학의 모든 학파에게 공통된 원칙은 어떠한 일이 닥치든 철학은 결코 버리지 않으며, 어리석은 사람들과 본성에 관해, 무식한 사람들과 잡담하지 않는 것이기 때문이다.

그 외에도 너는 오로지 현재 네가 하고 있는 일과 그 일의 수단에만 정신을 집중하라.

42

철면피한 어떤 사람 때문에 네가 감정이 상할 때마다 너 자신에게 "철면피한 저런 사람들이 세상에 없는 것은 가능한가?"라고 질문하라.

그것은 불가능한 일이다. 그렇다면 불가능한 일을 요구하지 마

라. 왜냐하면 그러한 사람도 또한 불가피하게 세상에 존재해야만 하는 철면피한 사람들 가운데 하나이기 때문이다.

또한 악당, 배신자, 그리고 다른 모든 종류의 악행을 저지르는 자들에 대해서도 이와 똑같은 식으로 생각하라. 왜냐하면 이러한 종류의 사람들이 세상에 존재하지 않는 것이 불가능하다고 생각하자마자 너는 그들 각자에게 한층 더 친절하고 예의 바른 태도를 취하게 될 것이기 때문이다.

또한 자연은 모든 악덕에 대해 각각 그것에 반대되는 미덕을 사람에게 주었는데, 기회가 있을 때마다 그 미덕을 즉시 생각하는 것도 유익하다. 왜냐하면 자연은 어리석음이나 배은망덕에 대한 해독제로 양순함을 주었고, 다른 악덕들에 대해서는 각각 다른 특정의 미덕을 주었기 때문이다.

한마디로 너는 잘못을 저지른 사람을 가르쳐서 바른 길로 돌아오게 할 수가 있다. 왜냐하면 잘못을 저지르는 사람은 누구나 미리 정해진 목적을 놓쳐서 길을 잃기 때문이다.

게다가 너는 무슨 피해를 입었단 말인가?

사실 네 감정을 상하게 했다고 여겨지는 이 사람들 가운데 아무도 너의 정신을 더 나쁘게 만들 수 있는 원인이 되는 행동을 하지 않았으며, 너에게 나쁜 모든 것과 너에게 해로운 모든 것의 진정한 근거는 오로지 너의 정신 안에만 있다고 너는 깨달을 것이기 때문이다.

그리고 무지한 사람이 무지한 사람의 행동을 한다고 해서 무엇이 너에게 피해가 되고 무엇이 이상하다는 말인가?

그가 그런 식으로 잘못을 저지를 것이라고 네가 예측하지 못한 데 대해 오히려 너 자신을 탓해야 마땅하지나 않은지 곰곰 생각해 보라. 왜냐하면 그가 그러한 잘못을 저지를 개연성을 알 수 있는 충분한 수단을 너의 이성은 너에게 부여했지만, 너는 그것을 잊어버리고는 그가 잘못을 저질렀다고 해서 놀라기 때문이다.

그러나 너는 다른 사람을 배신자나 배은망덕 하는 자라고 비난할 때마다 무엇보다도 너 자신에 대해서 반성하라.

왜냐하면 그러한 성품을 지닌 그가 자신의 약속을 지킬 것이라고 네가 믿었든, 또는 네가 남에게 혜택을 베풀 때 아무런 조건이나 사심이 없이 그렇게 하지도 않았고 또한 바로 너의 그 행동의 결과로 모든 이익을 받으려는 식으로 그렇게 하지도 않았든, 모든 잘못은 분명히 너 자신에게 있기 때문이다.

나의 친구여, 네가 남에게 일단 혜택을 베풀었다면, 그 이상 무엇을 너는 원하는가?

너는 너의 본성에 부합하는 행동을 한 것으로 만족하지 않고 그것에 대한 보상을 받기를 바라는가? 그것은 마치 눈이 보는 행위에 대해 너에게 보상을 요구하고 다리가 걸어가는 행위에 대해 너에게 보상을 요구하는 것과도 같다.

육체의 이러한 각 지체는 자신에게 고유한 기능을 각각 수행할 목적으로 만들어졌고, 그 기능을 수행함으로써 자신의 보상을 얻는다.

이와 마찬가지로 남에게 자비로운 행동을 할 목적으로 태어난 사람은 누구나 그러한 행동을 하거나 공동의 이익에 기여하는 행동을 할 때마다 자신의 본성에 부합하는 행동을 하는 것이고 그래서 자신의 보상을 모두 받는 것이다.

Die Reiterstatue Mark Aurel's.

아우렐리우스의 청동기마상

제 *10* 권

1

　나의 영혼아, 너는 참으로 선하고 참으로 단순하며, 단일하고 적나라한 것이 결코 되지 않을 것인가? 너를 둘러싸고 있는 육체보다 더 투명한 것이 결코 되지 않을 것인가? 너는 참으로 만족과 행복을 바라는 경향, 그리고 사랑하는 경향을 결코 보이지 않을 것인가?

　너는 아무것도 필요로 하지 않은 채, 아무런 욕망도 지니지 않은 채, 쾌락을 즐기기 위한 것은 생물이든 무생물이든 아무것도 갈망하지 않은 채, 완전히 만족하는 상태에 결코 이르지 않을 것인가?

또한 더 오래 즐거움을 누릴 시간도 장소도, 또는 더 적절한 지역이나 기후도, 너와 화목하게 지낼 만한 사람들의 무리도 바라지 않은 채, 완전히 만족하는 상태에 결코 이르지 않을 것인가?

그리고 너는 현재의 너의 조건에 만족하고 네가 네 주위에 현재 가지고 있는 모든 것을 즐길 것인가? 네가 가지고 있는 모든 것이 신들로부터 오는 것이고, 따라서 모든 것이 너를 위해 잘 되고 있다고 너는 확신할 것인가?

또한 신들이 완전하고 선하고 정의로우며 아름다운 생명체, 즉 모든 것을 생성시키고 통일체로 유지하는 생명체, 자기와 유사한 다른 것들을 만들어 내기 위해 분해되는 모든 것을 포괄하고 포용하는 그 생명체의 보존을 위해 어떠한 것을 결정하고 어떠한 것을 부여하든지 간에, 신들로부터 오는 모든 것이 너를 위해 앞으로도 잘 될 것임을 너는 확신할 것인가?

신들과 사람들을 비난하지도 않고 신들과 사람들로부터 단죄되지도 않은 채, 신들과 사람들과 함께 살아갈 수 있는 그러한 상태에 너는 결코 이르지 않을 것인가?

2

네가 오로지 본성의 지배만 받고 있는 한, 너의 본성이 요구하는 것을 관찰하라.

그리고 그것을 실행하고 받아들인다 해도 너의 생물의 본성이 손상되지는 않는다면, 그렇게 하라.

그 다음에는 너의 생물의 본성이 요구하는 것을 관찰하라.

그리고 그것을 받아들인다고 해도 너의 이성적 동물의 본성이 손상되지는 않는다면 그렇게 하라.

그러나 이성적 동물은 결국은 사회적 동물이기도 하다. 그러므로 위에 열거한 원칙들을 적용하고 다른 것은 더 이상 걱정하지 마라.

3

발생하는 모든 현상은 너의 본성이 그것을 견디어 낼 수 있거나 아니면 견디어 낼 수 없거나 하는 방식으로 발생한다.

그러므로 만일 그것이 너의 본성이 견디어 낼 수 있는 방식으로 발생한다면, 불평하거나 괴로워하지 말고, 오히려 너의 본성이 주어진 목적에 따라 그것을 참고 견디어라.

그러나 만일 그것이 너의 본성이 견디어 낼 수 없는 방식으로 발생한다면, 너는 역시 불평하거나 괴로워해서는 안 된다. 왜냐하면 그것은 너를 소멸시킨 다음에 그 자체도 소멸될 것이기 때문이다.

그러나 너 자신의 판단이 어떤 것을 견딜 만하고 허용할 만한 것으로 만들 수 있고 네가 그렇게 하는 것이 너의 이익이나 의무라고 확신한다면, 그러한 종류의 모든 것은 너의 본성이 견디어낼 수 있는 것임을 명심하라.

4

어떤 사람이 잘못을 저지른다면 친절하고 온화하게 그를 교정하고 그에게 자신의 잘못을 보여 주라.

네가 그렇게 할 수가 없다면, 너 자신을 탓하거나 또는 너 자신마저도 탓하지 마라.

5

어떠한 현상이 너에게 닥치든지 간에 그것은 너를 위해서 과거의 영원한 시간으로부터 이미 확정된 것이고, 원인들의 밀접한 관계는 과거의 영원한 시간으로부터 너의 존재와 이 일을 연결해 놓고 있었다.

6

우주가 원자들의 집합이든 자연이 하나의 체계이든, 나는 자연의 지배를 받는 전체의 일부분이라는 것이 무엇보다 먼저 확정되어야만 하고, 그 다음에는 내가 나와 같은 종류에 속하는 다른 일부분들과 어떤 방식으로든 긴밀하게 연관이 되어 있다는 것이 확정되어야만 한다.

전체의 일부분인 한, 나는 이것을 잘 기억해야만 전체 중에서 나에게 할당된 그 어떠한 것에 대해서도 불만을 품지 않을 것이다.

왜냐하면 전체는 자기에게 이익이 되지 않는 일부분은 하나도 포용하지 않는 만큼, 전체에게 이익이 되는 것은 일부분에게 해로울 수 없으며, 또한 모든 본성은 이러한 특성을 공통적으로 지니고 있는 반면, 우주의 본성은 이 특성 이외에도 자기에게 해로운 것을 생성하도록 외부적 원인에게 강제될 수 없다는 특권도 지니고 있기 때문이다.

그러므로 이렇게 구성된 전체의 일부분이라는 것을 기억하여 나는 나에게 닥치는 모든 것에 대해서 만족할 것이다.

그리고 나와 같은 종류에 속하는 다른 일부분들과 어떤 방식으로든 긴밀하게 연관이 되어 있는 만큼, 나는 공동의 이익을 거스르는 행동은 일체 하지 않을 것이고, 오히려 나와 같은 종류에 속하는 일부분들의 일에 전념하고, 공동의 이익을 위해 나의 모든 노력을 기울이며, 그들이 공동의 이익을 거스르지 못하게 막을 것이다.

이러한 모든 조건들이 일단 행동으로 실현된다면 삶은 평온하고 행복한 경로를 따라 이어지지 않을 수가 없을 것이다. 이것은 마치 동료 시민들의 이익이 되는 행동을 항상 계속하고 국가가 자기에게 부여하는 모든 것에 대해 만족하는 사람의 삶이 너에게 평온하고 행복한 것처럼 보이는 것과 마찬가지이다.

7

전체의 부분들, 다시 말하면 우주 안에서 자연적으로 이해되는 모든 사물은 필연적으로 소멸되지 않으면 안 된다. 그런데 이 말은 그것들이 변화를 거치지 않으면 안 된다는 의미로 이해되어야 한다.

그러나 이러한 소멸이나 변화가 부분들에게 당연히 해롭기도 하고 필연적인 것이기도 하다면, 그래서 부분들이 끊임없이 변화하게 마련이고 다양한 방법으로 당연히 소멸하게 되어 있다면, 전체는 온전한 상태를 계속해서 유지할 수 없을 것이다.

자연은 혹시라도 자신의 일부분들을 해칠 계획을 세웠단 말인가? 그것들을 피해를 받기 쉽고 또 필연적으로 피해를 받도록 만들었거나, 또는 그와 유사한 일들이 자연 자체도 모르는 사이에 그것들에게 닥치도록 했단 말인가? 이 두 가지 가정은 사실 모두 모순되고 믿을 수 없는 것들이다.

그러면 자연이라는 말은 사용하지 않은 채 사물들의 필연적 경향을 예시하면서 그것들을 설명하려고 한다면, 즉 위에 언급한 일들이 자연적인 것이라고 말한다면, 전체의 부분들이 그 본성에 비추어 변화의 지배를 받게 마련이라고 주장함과 동시에, 각 사물이 자기를 구성하는 요소들로 분해되는 것을 무엇보다도 중요시하면서도, 변화가 마치 본성을 거슬러 일어나기라도 한 것처럼 놀라거나 걱정하는 것은 한층 더 우스꽝스럽다.

이러한 분해는 사실 각 사물을 구성하는 원자들의 분산이거나, 또는 단단한 것이 흙과 같은 어떤 것으로, 생명을 주는 숨결이 자신의 부분인 공기로 돌아가는 것인데, 이 부분들도 또한 주기적으로 불에 타서 불에게 돌아가든 영원한 변화를 거쳐서 재생되든지 간에 전체, 즉 우주의 이성 안에 다시 흡수된다.

그리고 단단한 부분과 생명을 주는 숨결이 날 때부터 너의 것이라고는 생각하지 마라. 왜냐하면 이 모든 것은 음식과 들여 마시는 공기 덕분에 하루나 이틀 전에 형성된 것에 불과하기 때문이다.

따라서 너의 어머니가 낳은 것은 제외하고 그 이후에 이렇게 형성된 모든 것은 변화한다. 그러나 변화의 특성을 지닌 너의 모든 부분들은 너의 어머니가 낳은 것, 즉 너의 개성과 밀접하게 연결되어 있지만, 이것은 위의 결론에 관한 나의 의견에 사실 전혀 장애가 되지 않는다는 것도 생각하라.

8

선량한 사람, 겸손한 사람, 진실한 사람, 합리적인 사람, 평온한 사람, 도량이 큰 사람이라는 호칭들을 얻었을 때에는 그러한 호칭들을 잃지 않도록 조심하라. 그리고 그러한 호칭들을 잃었을 경우에는 빨리 다시 얻도록 하라.

그리고 이러한 사실들을 명심하라.

즉 합리적이라는 말은 네가 모든 개별 사물을 주의 깊게 심사숙고하는가 하면 피상적으로 보거나 소홀히 한 적이 없다는 것을 의미한다.

또한 평온하다는 말은 우주의 본성이 너에게 할당해 준 모든 것을 자발적으로 받아들이는 것을 의미한다.

그리고 도량이 크다는 말은 너의 이성적 부분이 육체의 쾌감이나 고통뿐 아니라, 명성이라고 불리는 하찮은 것, 죽음, 기타 이와 유사한 다른 것들도 초월하여 높은 단계로 승화되는 것을 의미한다.

남들이 너를 이러한 호칭으로 불러주기를 바라지 않은 채 네가 이러한 호칭들을 계속해서 유지한다면, 너는 다른 사람으로 변하고 새로운 삶으로 들어갈 것이다.

왜냐하면 네가 여태껏 살아온 삶을 계속하고 이러한 종류의 삶 속에서 갈가리 찢어지고 오염되는 것은 지나치게 자신의 삶을 사랑하는 어리석고 비열한 사람이 하는 짓이기 때문이다.

그런데 그러한 사람은 야수들에게 몸이 절반은 잡아먹혀서 상처 투성이에 피범벅이면서도, 다음날에도 여전히 맹수들에게 물어뜯기고 발톱에 찢기는 동일한 처지에 놓이게 될 것인데도 불구하고 다음날까지 목숨만 부지하게 해달라고 간청하는 검투사들과 다를 바가 없다.

그러므로 너는 이 몇 가지 호칭들을 참으로 완전히 소유하는 일에만 몰두하라. 네가 그 호칭들 안에서 안주할 수가 있다면, 마치 "행복한 사람들만 사는 어떤 섬"에 이주하기라도 한 듯이 그 호칭들 안에 머물러 있어라.

그러나 만일 네가 그 호칭들로부터 멀어지고 그것들을 유지할 수 없다고 느낀다면, 네가 그것들을 유지할 수 있는 어떤 구석으로 용감하게 물러가 은거하거나, 아니면 즉시 이승의 삶을 하직하라.

그러나 격정에 사로잡히거나 격분해서 하직하는 것이 아니라 단순하게, 자유롭게, 그리고 겸손하게 하직하여, 네 일생에 적어도 한 가지 칭찬받을 만한 일, 즉 네가 그렇게 삶을 하직하는 일을 완수하라.

그런데 이러한 호칭들을 생생하게 기억하기 위해서 너에게 크게 도움이 될 것들은, 네가 신들을 끊임없이 생각하는 일, 그리고 신들은 모든 이성적 동물이 자기들에게 아첨하는 것이 아니라 자기들을 본받아 비슷하게 되기를 바란다는 것, 무화과나무는 무화과나무의 기능을 수행하며 개는 개의 기능을 수행하고 꿀벌은 꿀벌의 기능을 수행하며 사람은 사람의 기능을 수행한다는 것 등을 기억하는 일이다.

9

가면극, 전쟁, 경악, 실망, 마비상태, 노예상태는 너의 저 신성한 원리들을 날이면 날마다 무용지물로 만들 것이다. 자연을 체계적으로 연구하지도 않은 채 너는 얼마나 많은 원리들을 생각해 내고 또 얼마나 많은 원리들을 소홀히 하는가?

반면에 모든 여건에 대처하는 능력을 완전히 구비함과 동시에 사변적 기능을 발휘하여 이론을 실천에 옮기도록, 또한 개별 사물들에 대한 지식에서 나오는 확신을 숨기지도 않고 드러내지도 않은 채 유지하도록, 네가 모든 것을 보아야만 하고 또 모든 행동을 그렇게 하지 않으면 안 된다.

그렇지 않다면, 너는 언제 단순함을 누리고 언제 위엄을 누리며, 언제 개별 사물들에 대한 지식을 누릴 것인가?

다시 말하면, 개별 사물은 그 본질 안에 무엇이 있는지, 우주 안에서 어떠한 자리를 차지하는지, 얼마나 오래 지속될 것인지, 어떠한 요소들로 구성되어 있는지, 누구에게 속할 수 있는지, 누가 그것에게 주고 또 거두어갈 수 있는지에 대한 지식을 언제 누릴 것인가?

10

거미는 파리를 잡았을 때 으스대고, 어떤 사람은 가련한 산토끼를 잡았을 때 으스대며, 또 다른 사람은 그물로 작은 물고기를 잡았을 때 그러하다.

또 어떤 사람은 멧돼지들을 잡았을 때, 또 다른 사람은 곰들을 잡았을 때, 끝으로 또 다른 사람은 사르마티아 사람들을 잡았을 때 으스댄다.

네가 이 모든 것들의 속셈을 자세히 검토한다면, 그들은 모두 강도들이 아니겠는가?

> ✎ **사르마티아 사람들** : 다뉴브 강 너머에서 살던 게르만 부족 사람들을 가리킨다. 저자는 서기 175년에 아비디우스 카시우스(Avidius Cassius)의 반란 소식을 듣고 이 부족과 휴전조약을 체결했다.

11

모든 사물이 어떻게 서로 다른 것으로 변화하는지 검토할 수 있게 해주는 사색적 방법을 체득하라. 그리고 이 방법을 항상 적용하여 철학의 이 부분에 관해서 너 자신을 훈련시켜라. 왜냐하면 정신을 높은 경지로 승화시켜 넓은 아량을 부여하는 면에서 이것을 능가하는 것이 전혀 없기 때문이다.

그렇게 정신이 높은 경지에 오른 사람은 마치 육체를 벗어버린 것처럼 된다. 또한 그는 자신이 머지않아 지상의 모든 사람과 사물들을 뒤로 하고 떠나지 않으면 안 된다고 명상하면서, 오로지 모든 행동을 올바르게 하는 것에만 전적으로 몰두하고, 그 외에 자기에게 닥치는 모든 것에 대해서는 전적으로 우주의 본성에게 자신을 맡긴다.

그리고 다른 사람들이 자기에 대해 무슨 말을 하든, 무슨 생각을 하든, 자기를 거슬러 무슨 행동을 하든, 그는 이러한 것을 생각조차 하지 않는다. 왜냐하면 그에게는 자기가 현재 하는 행동을 올바르게 하는 일과 자기에게 현재 할당된 것에 만족하는 일 등 이 두 가지만으로 충분하기 때문이다.

또한 그는 모든 근심과 모든 즐거움의 추구도 버리는 한편, 법칙을 통해서 올바른 길을 끝까지 걸어가는 일과 올바른 길을 끝까지 걸어감으로써 신을 따르는 일 이외에는 아무것도 원하지 않는다.

12

너는 자신이 무엇을 해야만 되는지 알 수 있는 능력이 있을 때 의심과 두려움을 느낄 필요가 어디 있는가?

만일 네가 그것을 분명하게 안다면 뒤를 돌아다보지 말고 그 길을 만족해서 걸어가라.

그러나 만일 네가 그것을 분명하게 알지 못한다면, 자신의 판단을 보류한 채 가장 훌륭한 조언자들의 의견을 들어라.

한편 다른 것들이 너를 방해한다면 네게 옳다고 보이는 것을 항상 따르면서 현재의 여건이 네게 제공하는 기회를 충분히 고려하여 전진하라.

이 목적의 달성은 사실 가장 좋은 것이다. 왜냐하면 진정한 실패는 이 목적의 달성의 실패이기 때문이다.

모든 일에 있어서 이성을 따르는 사람은 심사숙고하면서도 동시에 활동적이고, 쾌활하면서도 침착하다.

13

너는 잠자리에서 일어나자마자 "정당하고 올바른 행동에 대한 다른 사람의 비난이 너에게 상관이 있는가?"라는 질문을 너 자신에게 던져라. 당연히 아무 상관도 없을 것이다.

남을 칭찬하거나 비난할 때 오만한 태도를 취하는 그들이 잠자리에서나 식탁에서 어떻게 처신하는지, 그들이 무슨 일을 하고 무엇을 피하거나 추구하는지, 그리고 자신의 손과 발을 이용해서가 아니라 자신의 가장 소중한 부분, 즉 자신이 원하기만 하면 그 안에서 신의, 겸손, 진실, 법칙, 좋은 다이몬 등이 생겨나는 그 부분을 이용해서 그들이 무엇을 어떻게 훔치고 강탈하는지를 너는 잊어버렸다.

좋은 다이몬 : 행복을 의미한다.

14

교육을 잘 받고 겸손한 사람은 모든 것을 주고 모든 것을 거두어 가는 자연에게 "네가 원하는 것을 주고 네가 원하는 것을 도로 거두어가라."고 말한다.

그리고 그는 항거하거나 오만한 태도가 아니라 오로지 복종하는 정신으로, 그리고 자연의 목적과 완전한 조화를 이루는 태도로 그렇게 말한다.

15

너에게 남은 시간은 매우 짧다. 산꼭대기로 물러가 은거하는 듯이 그 남은 시간을 살아가라. 왜냐하면 만일 어떤 사람이 세상의 그어느 곳에서 살든지 도시나 나라에서 사는 것처럼 산다면, 그가 여기 살든 저기 살든 그것은 중요하지 않기 때문이다.

사람들이 자연에 따라 사는 참된 사람을 찾아가 보고 그를 자세히 연구하도록 하라. 만일 그들이 그를 도저히 참아 줄 수가 없다면 그를 죽이도록 하라. 왜냐하면 그는 그들처럼 사는 것보다 차라리 죽는 것이 더 낫기 때문이다.

16

어떻게 해야만 선한 사람이 될 수 있는지에 대해서는 더 이상 논의하지 말고 그냥 선한 사람이 되라.

17

시간의 전체와 실체의 전체를 항상 깊이 생각하라.

그리고 모든 개별 사물은 실체에 비하면 무화과 씨 한 알에 불과하고, 시간에 비하면 송곳을 한 번 돌리는 것에 불과하다는 사실도 깊이 생각하라.

18

존재하는 모든 사물에 관해서 생각해 보라.

그리고 그것들이 부패나 분산의 상태에 놓인 만큼 이미 분해와 변화 직전에 있다는 것, 또는 본성에 따라 죽기 위해 만들어졌다는 것도 잘 생각해 보라.

19

먹고 자고 번식하고 배설하고 그 외의 다른 모든 동작을 할 때의 사람들은 무엇인지 생각해 보라.

그 다음에는 의기양양하고 오만한 태도를 취하거나 높은 자리에 앉아서 화를 내고 질책할 때의 사람들은 어떤 종류의 사람들인지 생각해 보라.

불과 조금 전까지만 해도 그들은 얼마나 많은 사물들의 노예였으며 무엇을 얻기 위해 그런 노예가 되었던가! 그리고 잠시 후에는 그들이 어떠한 상태에 놓일지 잘 생각해 보라.

20

우주의 본성으로부터 각 사물에게 오는 것은 각 사물에게 유익하다. 그리고 그것은 우주의 본성으로부터 오는 그때에 유익하다.

21

"대지는 비를 원하고 장엄한 하늘도 비를 바란다."

그리고 우주는 앞으로 생겨나게 되어 있는 것을 만들기를 원한다. 그래서 나는 우주에게 "네가 그것을 원하는 만큼 나도 그것을 원한다."고 말한다.

그러면 "이것이나 저것은 생겨나게 되기를 원한다."라고 하는 말도 이미 있지 않겠는가?

22

너는 이 세상에서 계속해서 살고 있고 그러한 삶에 이미 익숙해져 있거나, 너는 세상에서 떠나갈 것이고 그것은 네가 원했던 일이거나, 아니면 너는 죽어가고 있고 너의 임무는 종결되었다.

이 세 가지 이외에는 아무것도 없다. 그러므로 용기를 내라!

23

대지의 이 한 부분은 다른 어떠한 부분과도 똑같은 것이고, 시골은 다른 어떠한 장소와 마찬가지로 쉬는 장소이며, 이곳의 모든 사물은 산꼭대기나 바닷가나 네가 원하는 다른 어떠한 장소의 사물들과도 똑같은 것임을 분명히 인식하라.

그러면 "산 위의 양 우리 안에서 사는 목자는 음매 우는 자기 양들의 젖을 짠다. 산 위에 있는 목자의 양 우리에서 사는 것과 마찬가지로 성벽에 둘러싸인 도시에서 산다."고 한 플라톤의 말을 너는 정확하게 이해하게 될 것이다.

279

24

나의 지배원리는 지금 나에게 무엇인가?

나는 지금 그것을 어떤 것으로 만들고 있는가?

어떠한 목적을 위해 나는 그것을 지금 이용하고 있는가?

그것은 이해력이 결핍되어 있지는 않은가?

그것은 사회생활로부터 고립되고 떨어져 나가 있지 않은가?

그것은 가련한 육체의 모든 동작에 참여하기 위해 육체와 결합되고 섞여 있는 것인가?

25

주인을 버리고 달아나는 사람은 탈주자이다. 그러나 가장 탁월한 주인은 법칙이다. 그러므로 법칙을 위반하는 사람은 탈주자이다.

고통이나 분노나 공포에 굴복하는 사람은 모든 것을 지배하는 그분에 의해서 정해진 일들 가운데 어떤 일이 닥치지 않았거나 닥치고 있지 않거나 닥치지 않기를 바란다. 그분은 각 사람에게 그의 적절한 몫을 할당해 주는 법칙인데도 말이다.

따라서 두려워하거나 괴로워하거나 분노하는 사람은 탈주자이다.

26

남자는 여자의 뱃속에 자기 씨를 뿌리고 떠난다. 그러면 다른 원인이 그것을 받아서 그것에 작용하여 어린애를 완성시킨다.

이토록 단순한 질료에서 얼마나 탁월한 결과가 나오는가!

그런데 어린애는 목구멍을 통해서 영양분을 받아들이고, 그러면 다른 원인이 역시 그것을 받아서 감각, 움직임, 본능, 그리고 결국에는 생명, 체력, 그 외의 많은 다른 기능들을 만들어 낸다.

얼마나 많은 것들이 만들어지는가! 얼마나 이상한 것들이 만들어지는가!

그러므로 이렇게 은밀한 방법으로 만들어지는 것들을 관찰하고 이 모든 것의 신비를 잘 생각해 보라.

또한 우리가 육체를 쓰러뜨리거나 위로 높이 들어 올리는 힘을 눈으로 보는 것은 아니지만 그에 못지않게 뚜렷이 보듯이, 이 모든 것들을 만들어 내는 힘을 그것들 안에서 그렇게 분명하게 보라.

27

현재 일어나고 있는 모든 일과 똑같은 일들이 어떻게 해서 과거에도 일어났고 또 미래에도 일어날 것인지 끊임없이 생각하라.

네가 개인적 체험을 통해서나 과거 역사를 통해 배운 똑같은 형태의 모든 연극들과 무대들을 네 머릿속에 그려 보라.

예를 들면 하드리아누스의 궁정 전체, 또는 안토니누스의 궁정 전체, 또는 필리포스나 알렉산드로스나 크로에수스의 궁정 전체를 상상해 보라.

왜냐하면 이 모든 것은 우리가 현재 바라보는 연극들과 똑같은 데, 다만 등장인물만 바뀌었을 뿐이기 때문이다.

🕊 크로에수스(Croesus) : 리디아 왕국의 마지막 왕(재위 560-546 B.C.)이며 엄청난 재산의 소유자로 유명하다.

28

어떠한 동기에서든 고통이나 분노에 굴복하는 사람은 모두가 제물로 바쳐질 때 몸부림치며 비명을 지르는 돼지와 똑같다고 생각하라.

침대에 홀로 말없이 누운 채 탄식하는 사람도 역시 이러한 돼지와 똑같다.

우리를 묶고 있는 쇠사슬을 생각하라.

그리고 닥치는 일들에 대해 오로지 이성적 동물에게만 자발적으로 복종하는 것이 허용된 반면, 다른 모든 것에게는 무조건 복종하는 것이 절대적 필요성이라는 것도 생각하라.

29

너는 모든 행동을 할 때마다 잠시 멈춘 다음에, 죽음은 너에게서 그 행동을 박탈한다는 이유만으로 반드시 두려워해야 할 대상인지 너 자신에게 질문해 보라.

30

다른 사람의 잘못 때문에 네가 감정이 상할 때마다 즉시 생각을 바꾸어서 네가 저지르는 같은 종류의 잘못, 예를 들면 돈, 쾌락, 명성, 그 외의 다른 것들을 유익한 것이라고 여기는 잘못을 생각해 보라.

이렇게 너 자신을 반성하면 너는 매우 빨리 너의 분노를 잊어버리게 될 것이다. 왜냐하면 잘못을 저지른 그 사람이 마지못해 그렇게 했다고 너는 마음속으로 깨달을 것이기 때문이다.

그 사람인들 달리 무엇을 할 수가 있었겠는가? 네가 할 수만 있다면, 그 사람이 마지못해 행동하도록 만드는 원인을 제거해 주도록 노력하라.

31

너는 사티론이나 에우티케스나 히멘을 볼 때 소크라테스의 제자를 상상하라. 그리고 에우티키온이나 실바누스를 볼 때는 에우프라테스 같은 사람을 상상하라. 트로페오포루스를 볼 때는 알키프론 같은 사람을 상상하라. 세베루스를 볼 때는 크리토나 크세노폰과 같은 사람을 상상하라.

그리고 너 자신을 볼 때는 다른 어떤 카이사르를 상상하라.

다른 모든 사람에 대해서도 이와 똑같은 식으로 바라보라.

그런 다음에 "저 사람들은 지금 모두 어디 있는가? 그들은 아무데도 없거나 아무도 그들이 어디 있는지 알지 못한다."라고 머릿속으로 생각해 보라.

이렇게 너는 사람의 일생이란 연기에 불과하고 아무것도 아니라고 계속해서 볼 것이며, 특히 일단 변화를 거친 것은 무한한 시간의 흐름 속에서 결코 다시 돌아오지 않을 것임을 네가 깊이 살펴본다면 더욱 그러할 것이다.

그러나 너는 존재하는 기간이 이 얼마나 짧은가!

그러면 너는 왜 불만을 품고 있는가?

이 짧은 기간을 순조롭게 지내는 것으로 왜 만족하지 못하는가?

어떤 물질적 조건이나 행동의 어떤 기회를 너는 피하는가?

이 모든 것은 인생의 모든 현상을 정확하게, 그리고 지식의 원리에 따라 파악하는 법을 배운 정신의 훈련 이외에 그 무엇이란 말인가?

그러므로 강한 위장이 모든 음식을 섭취하듯, 뜨거운 불이 자기에게 던져지는 모든 것을 받아서 불길과 광채를 내듯이, 이 모든 것을 너의 것으로 만들 때까지 굳세게 버티어 나아가라.

> 69 사티론(Satyron), 에우티케스(Eutyches), 히멘(Hymen), 에우티키
> 온(Eutychion), 실바누스(Silvanus), 에우프라테스(Euphrates), 트
> 로페오포루스(Tropaeophorus), 알키프론(Alciphron), 세베루스
> (Severus), 크리토(Crito), 크세노폰(Xenophon) : 누구를 가리키
> 는지 불확실하다. 다만 크리토와 크세노폰은 소크라테스의 제
> 자일 수도 있다고 추정된다.

32

네가 솔직하지 않다거나 정직하지 않다고 아무도 근거를 가지고 말할 수 없도록 하라.

너에 대해 그와 같이 생각하거나 그런 말을 수긍하는 사람이 거짓말쟁이가 되게 하라.

이 두 가지는 네가 할 수 있는 일이다. 네가 정직하고 솔직한 사람이 되는 것을 실제로 어느 누가 막을 수 있겠는가?

정직하고 솔직한 사람이 될 수가 없다면 너는 다만 삶을 더 이상 지속시키지 않기로 결정하지 않으면 안 된다.

왜냐하면 네가 그러한 정직하고 솔직한 사람이 아니라면 이성도 너의 삶을 용납하지 않기 때문이다.

33

어떤 확정된 물질적 조건에서, 즉 너의 삶에서 이성에 가장 적합하게 할 수 있는 행동이나 말은 무엇인가? 왜냐하면 그 조건이 어떠한 것이든지 간에 너는, 장애를 받는다고 변명하지 않은 채, 그러한 행동이나 말을 할 수가 있기 때문이다.

너는 너에게 속해 있고 또 너에게 닥치는 모든 일에 있어서 사람의 기질에 부합하는 일을 하여, 악인들이 쾌락을 즐길 때 느끼는 것과 똑같은 만족감을 느끼는 그러한 상태에 너의 정신이 도달할 때까지, 한탄을 그치지 않고 계속할 것이다.

왜냐하면 너는 모든 경우에 너의 본성에 따라 행동할 수 있다는 것을 큰 기쁨으로 여기지 않으면 안 되기 때문이다. 그런데 너는 어디서나 그렇게 할 수가 있다.

반면에 원통에게는 자신의 자연적 움직임에 따라 모든 곳에서 굴러다니는 일이 허용되지 않았다. 불도 물도, 그리고 자연법칙이나 순전히 동물적인 생명의 지배를 받는 모든 사물도 역시 그러하다.

왜냐하면 그러한 것들을 제한하고 방해하는 것들이 많기 때문이다. 그러나 정신과 이성은 그 본성과 의지가 원하는 방식대로, 자신을 방해하는 모든 것을 극복할 능력이 있다.

그러므로 불이 자연히 위로 올라가고 돌은 아래로 떨어지며 원통은 비탈을 굴러 내려가듯이, 너는 이성이 모든 장애를 관통하여 스스로 움직일 수 있게 해줄 이 자연적 기능을 항상 명심하고, 그 이상은 추구하지 마라.

다른 모든 장애들은 생명이 없는 이 육체만 방해할 뿐이거나, 아니면 이성 자체의 판단과 굴복이 없는 한 어떠한 피해도 발생시키거나 입히지 않는다.

만일 그렇지 않다면, 그것을 느끼는 사람은 즉시 사악한 사람이 되기 때문이다.

그런데 일정한 구조를 가진 다른 모든 사물의 경우에는 어느 한 구조에 피해가 닥치면 그 피해가 닥쳤기 때문에 더 나쁜 상태가 된다. 반면에 같은 경우라 해도 사람은, 그가 그렇게 말할 수 있다면, 더 훌륭한 사람이 될 뿐만 아니라, 닥치는 장애를 올바로 이용할 줄 알기 때문에 칭찬을 받기에 한층 더 적합하게 된다.

끝으로, 나라를 해치지 않는 것은 그 어느 것도 진정한 시민을 해치지 않고, 법률을 해치지 않는 것은 그 어느 것도 나라를 해치지 않는다는 사실을 명심하라. 그런데 불행이라고 불리는 것들 가운데 단 한 가지도 법률을 해치지 않는다. 따라서 법률을 해치지 않는 것은 나라도 시민도 해치지 않는다.

34

참된 원리들의 힘을 겪은 사람에게 고통에도 공포에도 굴복하지 말도록 충고하기 위해서는 아래에 든 예와 같이 가장 짧은 교훈이나 통속적 교훈만으로도 충분하다.

　"바람은 나뭇잎들을 떨어뜨려 지상에서 흩어 버린다.
　모든 인류도 이와 다를 바가 없다."

　너의 자녀들도 역시 나뭇잎들이다.
　공적이 있는 듯이 외치는 사람들도 찬사의 함성을 내지르는 사람들도, 반면에 비난하거나 몰래 비방하고 비웃는 사람들도 역시 나뭇잎들이다.
　너의 사후에 너의 명성을 듣고 그것을 후대에 전하는 사람들도 또한 이와 마찬가지로 나뭇잎들이다.
　왜냐하면 시인이 말하듯이 이러한 나뭇잎들은 모두 "봄철에 만들어진 것"이고, 바람은 그것들을 땅에 떨어뜨리고, 그 다음에는 숲이 그것들 대신에 새로운 잎들을 만들어 내기 때문이다.
　극히 단기간의 존속이 모든 사물에 공통된 것인데도 너는 마치 그것들이 영속하기라도 하는 듯이 그것들을 피하고 추구한다.
　조금만 지나면 너는 두 눈을 감을 것이다. 그리고 너를 무덤까지 따라가며 애도한 사람을 위해 조금만 지나면 또 다른 사람이 애도하며 울 것이다.

　❀ "바람은…" : 호메로스의 일리아드 구절을 인용한 것이다.

35

건강한 눈은 모든 사물을 보이는 그대로 모두 보아야만 하고 "나는 초록색의 사물만 보고 싶다."고 말해서는 안 된다. 왜냐하면 초록색의 사물만 보는 것은 병든 눈의 상태이기 때문이다.

그리고 건강한 귀와 코는 모든 소리를 듣고 모든 냄새를 맡을 수 있는 준비가 되어 있어야만 한다.

또한 건강한 위장은 맷돌이 자기에게 주어지는 모든 곡물을 갈듯이 자기에게 들어오는 모든 음식을 처리하지 않으면 안 된다.

따라서 건전한 정신은 닥치는 모든 일에 대비하고 있지 않으면 안 된다.

그러나 "나의 자녀들이 목숨을 건지기를 하늘에 빈다!"라고 하든가, "내가 무슨 행동을 하든지 간에 모든 사람은 나를 칭송해야만 한다!"고 말하는 것은 초록색의 사물만 보려고 하는 눈이나 부드러운 것만 씹으려고 하는 이와 다를 바가 없다.

36

아무리 행복한 사람이라고 해도, 그가 죽을 때에는 그의 죽음을 기뻐할 사람이 누군가는 반드시 그의 곁에 있게 마련이다. 여기에는 예외가 없다.

현명하고 양심적인 사람이 죽어가고 있는 경우, 마지막 순간에 누군가는 속으로 "이 위압적인 선생이 저 세상으로 갔으니까 이제 드디어 우리는 숨을 자유롭게 쉴 수 있게 되었다. 그가 우리 가운데 어느 누구도 가혹하게 대하지 않은 것도 사실이다. 그러나 침묵 속에서도 그가 우리를 단죄했다고 나는 느꼈다."고 분명히 말할 것이다.

그러나 우리의 경우에는 다른 사람들이 우리의 죽음을 바랄만한 다른 이유가 얼마나 많은가! 그러므로 너는 죽음이 임박했을 때 앞에 언급된 말을 기억하라.

그리고 아래와 같은 생각을 한다면 너는 더 큰 만족을 느끼면서 더 쉽게 이승을 떠날 것이다.

"나는 나의 동료들을 위해 열심히 싸웠고 열심히 기도했으며 그들을 극진하게 돌보아 주었다. 그런데 그들마저도 나의 죽음에서 약간의 이익을 얻기를 바라면서 이제는 내가 이승을 떠나 주기를 바라고 있다. 나는 이러한 세상을 떠나가고 있는 것이다."

그렇다면 사람은 이 세상이 더 오래 머물러 있어야만 할 이유가 어디 있겠는가?

그러나 너는 이러한 이유 때문에 그들에 대한 사랑이 감소된 상태에서 떠나가서는 안 된다. 오히려 너의 인격을 보존한 채, 그들에 대한 너의 우정과 관대함과 온순함을 보여 주어야만 한다.

또한 너는 난폭한 힘이 너를 그들에게서 갈라놓기라도 하는 것처럼 그렇게 떠나서는 안 되고, 오히려 영혼이 육체를 조용히 떠나갈 때 사람이 고요한 최후를 마치듯이 너도 그렇게 그들로부터 떠나가지 않으면 안 된다.

왜냐하면 너의 생명을 그들의 생명과 연결하고 결합시킨 것은 자연이고, 이제 자연이 그 결합을 풀어 너에게 너의 자유를 주기 때문이다.

그러므로 친척들과 헤어지는 것처럼 그들과 헤어져라. 그러나 억지로 마지못해서가 아니라 기꺼이 그렇게 하라. 왜냐하면 이것도 또한 자연에 따라 일어나는 일들 가운데 하나이기 때문이다.

37

다른 사람이 하는 모든 행동에 대해서 "이 사람이 이러한 행동을 하는 목적은 무엇인가?"라고 너 자신에게 가능한 한 질문하는 습관을 길러라.

그러나 너 자신에 대해 반성하면서 너 자신의 행동에 대한 질문부터 시작하라.

38

너의 존재를 조종하는 줄을 잡아당기는 것은 너 자신 안에 숨어 있는 것이다. 즉 그것은 설득력 또는 행동이고, 생명이고, 말하자면 사람이다.

너 자신에 대해서 살펴볼 때는 너를 둘러싸고 있는 육체와 그 안에 든 모든 기관들을 너 자신에 포함시키지 마라.

　왜냐하면 이러한 것들은 네가 손에 든 도끼와도 같은 것이기 때문이다. 차이가 있다면 이러한 것들은 너의 몸에서 자라나 매우 긴밀하게 붙어 있다는 것뿐이다. 그리고 이러한 것들은 그것을 움직이고 통제하는 것이 없다면 옷감 짜는 사람의 북, 글 쓰는 사람의 펜, 마부의 채찍처럼 더 이상 쓸모가 없는 것이다.

제 *11* 권

1

이성적 영혼의 특질은 다음과 같다.

즉 이성적 영혼은 자기 자신을 보고, 자기 자신을 분석하며, 자기 자신을 자기가 원하는 것으로 만들고 자신의 열매를 자신이 즐긴다. 반면에 다른 것들은 식물의 열매, 그리고 동물 안에 든 식물의 열매에 상응하는 것을 즐긴다.

이성적 영혼은 죽음이 어느 순간에든지 거두어 간다고 해도 자기 자신의 목적을 항상 달성한다.

일부분이 중단되면 전체가 불완전해지는 무용, 연극, 그리고 이와 유사한 다른 예술의 경우와는 달리, 이성적 영혼은 어느 부분이 중단된다 해도 자기에게 맡겨진 임무를 완전히 수행하고, 그래서 "나는 나의 것을 완전히 소유한다."고 말할 수 있다.

게다가 이성적 영혼은 우주 전체와 그것을 둘러싼 진공을 상세히 고찰하고 우주의 형태를 탐구하며, 자기 자신을 무한한 시간에 이르도록 연장하고 모든 사물의 주기적 쇄신을 포용하고 이해한다.

또한 우리보다 앞서 살아간 사람들이 자기들이 본 것 이상은 보지 못한 것과 마찬가지로 우리 뒤에 오는 사람들도 새로운 것은 전혀 보지 못할 것이고, 이해력을 조금이라도 구비한 40세의 사람은 모든 사물의 동일성에 따라 어떤 의미에서는 과거와 미래의 모든 사물을 이미 보았다는 것을 이성적 영혼은 깊이 고찰하여 잘 안다.

또한 이성적 영혼의 다른 특질들은 이웃에 대한 사랑, 진실과 겸손, 자기 자신에 대한 존중, 그리고 자기 자신보다 더 소중하고 가치 있는 것은 하나도 없다는 확신인데, 이 확신은 법칙의 특질이기도 하다.

따라서 올바른 원리와 정의의 원리 사이에는 차이가 조금도 없다는 결론이 나온다.

2

네가 즐거운 노래의 멜로디를 개별적인 소리들로 분해한 다음, 그 소리들이 각각 너를 매혹시켰는지 자신에게 질문한다면, 그렇다고 대답하기가 부끄러울 것이다. 따라서 너는 즐거운 노래를 가치 있는 것으로 여기지 않을 것이 분명하다.

무용의 경우 너는 각 동작과 자세에 대해 마찬가지의 질문을 던지고, 따라서 무용도 가치 있는 것으로 여기지 않을 것이 분명하다.

권투와 레슬링을 혼합시킨 격투기의 경우도 이와 마찬가지이다.

그러므로 미덕과 그 효과를 제외한 다른 모든 것의 경우에도 그 각 부분을 분석 평가하여 전체의 가치가 하찮은 것이라는 결론에 도달해야만 한다는 것을 명심하라.

그리고 이러한 원칙을 너의 일생 전체에 대해서도 적용하라.

3

육체와 분리되어야만 하는 순간이 언제든지 닥쳐도 항상 준비가 되어 있는 영혼, 즉 소멸하거나 분산되거나 계속해서 존재하거나 항상 준비가 되어 있는 영혼은 얼마나 경탄할 만한가!

그러나 이러한 준비는 본인 자신의 판단에서 나오는 것이다.

즉 그리스도교 신자들이 보여 주는 단순한 완고함에서 나오는 것이 아니라, 진지하고 품위 있는 심사숙고의 결과이고 비극적 쇼도 없이 다른 사람들을 설득하는 그러한 것이다.

4

공동의 이익에 기여하는 행동을 나는 했는가? 그렇다면 나는 이미 보상을 받았다.

너는 이 점을 항상 명심해만 한다. 그리고 공동의 이익에 기여하는 행동을 멈추어서는 결코 안 된다.

5

너의 목적은 무엇인가? 선한 사람이 되는 것이다.

그렇다면 네가 가지고 있는 수단은 무엇인가?

한편으로는 우주의 본성에 관한 원리, 다른 한편으로는 인간의 개인적 기질에 관한 원리 등 일반적 원리들에 의지하지 않는다면, 어떻게 네가 선한 사람이 될 수 있겠는가?

6

비극이 무대에서 처음 공연되었을 때의 목적은, 사람들에게 일어나는 일들이 변화가 심하다는 것, 그러한 일들이 일어나는 것은 자연의 법칙이라는 것, 그리고 무대에서 공연되는 일들을 우리가 보고 즐거워한다면 나중에 세상의 더 큰 무대에서 그러한 일들을 보고 괴로워할 필요는 없다는 것 등을 사람들에게 상기시켜 주는 것이었다.

사실 이러한 일들이 정해진 그러한 방식으로 일어나는 것이 불가피하다는 것, 그리고 심지어 "오, 키타에론이여!"라고 소리치는 사람들마저도 이러한 일들을 참고 견딘다는 것을 너는 잘 안다.

게다가 비극 시인들은 이에 관해 유익한 말들을 남겼는데, 예를 들면 아래와 같은 특히 유명한 구절이 있다.

"신들이 나를 돌보지 않고 나의 자녀들도 돌보지 않는다면
이것도 역시 나름대로 그 이유가 있다."

그리고 "일어나는 일들에 대해 염려하고 초조해 할 필요는 없다."라든가, "인생의 추수는 익은 밀 이삭의 추수와 같다."고 하는 구절도 있고, 그 외에도 다른 구절들이 있다.

비극의 뒤를 이어서 고대 희극이 도입되었다.

이것의 목적은 말을 자유롭게 구사하여 관객들을 교육하는 한편, 쉽고 솔직한 대사를 통해서 그들에게 오만을 경계하고 겸손을 구비하라고 주의를 환기시키는 것이었다. 디오게네스도 또한 이와 같은 목적으로 고대 희극 작가들의 글을 이용하고는 했다.

그러나 고대 희극의 뒤를 이어 등장한 중기 희극에 관해서는 그것이 무엇이었는지, 그리고 이 새로운 희극이 도입된 목적이 무엇이었는지 잘 살펴보라.

새로운 희극은 모방에 기초를 둔 세련된 기교로 점차 타락하고 말았다. 심지어 새로운 희극의 작가들마저도 유익한 대사들을 남겼다는 것은 아무도 부정할 수 없다. 그러나 이러한 종류의 시와 극작술의 전체 계획이 지향하는 목적은 무엇이란 말인가?

> 키타에론(Cithaeron) : 그리스의 보이오티아(Boeotia)와 아티카(Attica) 사이에 위치한 산맥인데, 최고봉은 제우스신에게 신성한 곳이다. "오, 키타에론이여!'는 소포클레스의 "오이디푸스왕"에 나오는 구절이다.
>
> "신들이 나를…", "일어나는 일들에 대해…", "인생의 추수는…" : 에우리피데스의 단편적 구절들이다.

7

네가 현재 처하게 된 인생의 여건만큼 철학을 연구하기에 매우 적절한 다른 인생 여건은 결코 없다는 사실은 너에게 얼마나 분명하게 보이는가!

8

굵은 나뭇가지에 붙어 있던 작은 나뭇가지가 잘리면 그것은 그 나무 전체로부터도 또한 필연적으로 잘려나가지 않을 수 없다. 이와 마찬가지로 사람도 또한 다른 사람과 분리되면 사회 공동체 전체로부터도 분리된다.

그러나 나뭇가지의 경우에는 다른 사람이 그것을 잘라내는 반면, 사람의 경우에는 다른 사람을 미워하고 싫어할 때 자기 자신의 행동으로 자기를 다른 사람으로부터 분리시키는데, 그는 그와 동시에 자기를 사회 공동체 전체로부터 분리시킨다는 사실은 모르고 있다.

그렇지만 인간사회를 다스리는 제우스는 오로지 사람에게만 한 가지 특권을 주었다. 즉 우리는 우리 이웃과 다시 결합하고 전체를 이루는 새로운 일부분으로 돌아갈 수가 있는 것이다.

그러나 이러한 분리가 너무 자주 반복된다면 분리된 부분이 전체와 결합하고 그 일부분으로 다시 복귀하는 것이 어렵게 된다.

끝으로, 처음부터 나무에서 돋아난 뒤 나무와 함께 한 생명으로 자란 나뭇가지는 일단 잘려 나갔다가 그 다음에 접목이 된 나뭇가지와 다르다.

왜냐하면 접목된 나뭇가지에 관해서 정원사들은 "이것은 동일한 나무에서 다른 나뭇가지들과 함께 자라지만, 나무와 똑같은 마음을 지니는 것은 아니다."라고 말하기 때문이다.

9

네가 올바른 이성의 길을 걷는 것을 방해하려는 사람들은, 네가 올바른 행동을 하지 못하게 막을 수 없는 것과 마찬가지로, 네가 그에 대해 관대한 태도를 취하지 못하게 막을 수도 없다.

너는 아래 두 가지에 대해 똑같은 방식으로 자제심을 계속해서 발휘하라.

즉 판단과 행동에 있어서 확고부동한 자세를 견지할 뿐만 아니라, 너를 방해하려고 하거나 다른 식으로 괴롭히려고 하는 사람들을 온순하고 관대하게 대하라.

왜냐하면 그러한 사람들 때문에 너의 감정이 상하는 것도 네가 하려던 행동을 포기하거나 두려워서 도망치는 것과 똑같이 나약함의 증거이기 때문이다.

공포에 짓눌려 도망치는 사람도, 본성상 자기와 동류이자 친구인 다른 사람들로부터 스스로 분리되는 사람도, 모두 똑같이 탈주자들이다.

10

자연은 기술보다 결코 열등하지 않다. 왜냐하면 개별적 기술들은 사물들의 본성을 모방하기 때문이다. 만일 그러하다면, 모든 개별적 사물 안에서 절대적으로 완전하고 또한 모든 사물을 포괄하는 자연을 어떠한 기술적 능력도 능가할 수 없다.

게다가 모든 개별적 기술은 우월한 것들의 이익을 위해서 열등한 것들을 만들어 낸다. 그러므로 우주의 본성도 또한 이와 똑같은 일을 한다.

정의는 참으로 여기에서 유래하고, 다른 미덕들은 모두 정의에 그 기초를 두고 있다. 왜냐하면 만일 우리가 중간적 사물들, 즉 선악과 무관한 사물들을 염려하거나, 쉽게 속거나, 성급하고 변덕스럽다면, 정의를 지킬 수 없을 것이기 때문이다.

11

만일 사물들이 너에게 다가오지 않고 그것들의 추구나 회피가 너를 불안하고 초조하게 만든다면, 어떤 의미에서는 네가 여전히 그것들에게 다가가고 있는 것이다.

그러므로 그것들에 대한 너의 판단을 내리지 마라.

그러면 그것들은 조용히 머물러 있을 것이고 너는 그것들을 추구하거나 회피하는 것으로 더 이상 보이지 않을 것이다.

12

영혼은 만일 어떤 외부적 대상을 향해 뻗어 나가지도 않고 자기 내부를 향해 위축되지도 않는다면, 분산되지도 않고 가라앉지도 않는다면, 모든 사물의 진실과 자기 자신 안에 있는 진실을 보게 해주는 빛을 받아서 빛난다면, 공처럼 둥근 자신의 형태를 충실히 유지할 것이다.

13

누군가 나를 경멸할 것인가? 조심하든 말든 그것은 그 사람 자신의 책임이다. 그러나 나는 경멸을 받을 만한 말이나 행동을 하다가 들키는 일이 없도록 조심할 것이다.

누군가 나를 미워할 것인가? 조심하든 말든 그것은 그 사람 자신의 책임이다. 그러나 나는 모든 사람을 계속해서 부드럽고 자애롭게 대할 것이고, 특히 나를 미워하는 사람에 대해서는 그의 잘못을 지적해 줄 준비가 되어 있을 테지만, 그를 질책하지도 않고 내가 참아 준다는 것을 과시하지도 않은 채, 저 유명한 포키온이 허세를 부린 것이 아니라면 그와 마찬가지로, 솔직하고 정직하게 지적해 줄 것이다.

왜냐하면 사람은 이러한 마음가짐을 구비해야만 하고, 또한 아무것도 불만을 품지 않고 불평하지도 않는 사람으로 신들에게 보이지 않으면 안 되기 때문이다.

만일 네가 너의 본성에 부합하는 일을 지금 하고 있다면, 그리고 너는 어떠한 식으로든 공동의 이익을 실현하려고 현재의 위치에 있으므로 현재 이 시점에서 우주의 본성에 적합한 것에 대해 만족한다면, 어떠한 피해가 너에게 닥칠 수 있겠는가?

> 🐾 포키온(Phocion) : 아테네의 아량이 넓고 현명한 장군이자 정치가인데, 무고하게 반역죄로 고발당해 기원전 318년에 처형되었다.

14

사람들은 서로 경멸하면서도 서로 끝없이 아첨한다. 또한 사람들은 누구나 남보다 앞서려 하면서도 서로 절을 한다.

15

"나는 너를 공정하고 성실하게 대하기로 결심했다."고 말하는 사람은 얼마나 사악하고 불성실한 위선자인가!

이봐, 너는 지금 무슨 행동을 하고 있는가?

너는 우선 그러한 말을 할 필요도 없다. 네 말이 진실인지 아닌지는 너의 행동이 곧 드러낼 것이다. 너의 속셈은 네 얼굴에 분명하게 적혀 있다. 다른 사람은 너의 그 속셈을 네 목소리에서 즉시 느끼고, 특히 애인들끼리는 상대방의 눈에서 모든 것을 읽어내듯이, 너의 눈에서 즉시 알아본다.

소박하고 정직한 사람은 시골사람을 냄새로 잘 구별할 줄 아는 사람과 완전히 똑같다. 그러한 사람은 시골사람이 곁에 오기만 하면 자기도 모르게 즉시 냄새를 맡아 알아차리는 것이다.

그러나 소박한 척 과시하는 것은 굽은 막대기나 단검과 같다. 늑대의 우정, 즉 거짓 우정보다 더 나쁜 것은 없다. 너는 무엇보다도 이것을 먼저 피하라.

정직하고 소박하고 자비로운 사람은 이러한 모든 특질을 자기 눈에 드러내기 때문에 다른 사람들이 잘못 볼 수가 없다.

16

가장 올바르게 항상 살아가라. 그렇게 할 수 있는 능력은 영혼이 무관한 사물들을 무관하게 대한다면 그 영혼 안에 있는 것이다.

영혼이 개별 사물을 볼 때 그것을 구성하는 모든 각 부분들과 그것 전체를 검토한다면, 그리고 어떠한 개별 사물도 그것에 대한 판단을 우리 안에서 일으키지 못하고 우리에게 도달하지도 못하며, 오히려 모든 개별 사물은 부동의 상태에 머물고 그것들에 대한 판단을 내리는 것은 우리라는 것을 기억한다면, 또한 개별 사물에 대한 판단을 우리가 내리지 않을 수도 있고 그러한 판단이 우리도 모르게 우연히 우리 정신 안에 들어왔다면 그것을 즉시 지워버릴 수도 있는데도, 말하자면, 그러한 사물들에 대한 인상을 우리가 우리 자신 안에 각인한다는 것을 기억한다면, 영혼은 개별 사물들을 무관하게 대할 것이다.

게다가 이러한 종류의 사물들에 대해 관심을 기울이는 기간도 극도로 짧고, 그 이후에는 삶이 영원히 끝날 것임도 기억하라.

그러면 이렇게 하는 데 무엇이 그렇게 어렵단 말인가?

이러한 것들이 자연에 부합하는 것이라면 너는 그것들을 기뻐하라. 그러면 그것들이 너에게 쉬워질 것이다.

반면에 그것들이 자연을 거스르는 것이라면, 너 자신의 본성에 부합하는 것들을 추구하고, 비록 그렇게 하는 것이 너에게 명성을 가져다주지 않는다 해도 끝까지 추구하라. 왜냐하면 누구에게나 자기에게 유익한 것의 추구는 허용되기 때문이다.

17

모든 개별 사물이 어디서 유래하는지, 어떠한 요소들로 구성되어 있는지, 변화해서 어떠한 것에게 흡수되는지, 변화를 거친 다음에 어떠한 사물이 되는지, 그리고 이러한 변화를 통해서 그것은 아무런 피해도 입지 않을 것임을 곰곰 생각해 보라.

18

다른 사람이 너의 감정을 상하게 한다면 아래와 같은 원칙들을 생각하라.

첫째, 다른 사람들에 관한 나의 위치는 무엇인가? 우리는 서로 어떠한 관계에 놓인 채 이 세상에 왔는가? 다른 면에서 본다면, 숫양이 양떼를 보호하고 황소가 소떼를 보호하듯이 나는 다른 사람들을 보호하기 위해 어떻게 태어났는가? 이러한 것들을 생각하라.

이러한 첫째 원리들에서 출발하여 우선 다음과 같은 것을 생각하라. 즉 모든 사물이 단순히 원자들에 불과하지 않다면, 모든 사물을 지배하는 것은 자연이다. 만일 그러하다면, 열등한 것들은 우월한 것들의 이익을 위해 존재하고, 우월한 것들은 서로 상대방의 이익을 위해 존재한다고 생각하라.

둘째, 다른 사람들은 식탁에서, 침대에서, 그리고 다른 모든 곳에서 어떤 종류의 사람들인지, 특히 그들은 자신의 판단에 따라 어떠한 행동을 필요한 것이라고 보는지, 그리고 얼마나 오만하게 그러한 행동을 하는지 생각하라.

셋째, 다른 사람들이 합리적인 올바른 행동을 한다면 우리는 감정이 상해서는 안 된다. 반면에 불합리하고 옳지 않은 행동을 한다면 본의 아니게 그리고 무지 때문에 그렇게 행동하는 것이 분명하다.

왜냐하면 고의로 진실을 스스로 저버리고, 따라서 각 사람에게 그의 가치에 맞게 처신하는 능력을 고의로 스스로 저버리는 영혼은 하나도 없기 때문이다. 그러므로 사람들은 자신이 불의하고 배은 망덕 하고 탐욕스러운 자, 한마디로 이웃사람들에게 부정직한 악인 이라는 말을 들으면 감정이 상하게 된다.

넷째, 너도 또한 많은 잘못을 저지르며 다른 사람들과 마찬가지 이다. 비록 네가 어떤 잘못들을 피하는 것이 사실이라 해도 너는 그 러한 잘못을 저지를 기질을 여전히 보유하고 있다. 다만 너는 비겁 하기 때문에, 또는 명예욕이나 이와 유사한 다른 비열한 악습들 때 문에 그러한 잘못들을 자제하는 것뿐이다.

다섯째, 심지어 다른 사람들이 잘못을 저질렀는지 여부에 대해서 조차 너는 확실히 알지 못한다. 왜냐하면 사람들은 어떤 특정한 논 리나 환경에 따라서 행동하는 경우가 많으며, 일반적으로 말하자 면, 다른 사람들의 행동에 대해 올바른 판단을 내릴 수 있으려면 그 러한 행동에 관한 많은 지식이 필요하기 때문이다.

여섯째, 분노나 비탄에 사로잡힐 때에는 사람의 일생은 한순간에 불과하고 우리는 모두 잠시 후에 곧 죽음의 침대에 누워 있을 것임 을 기억하라.

일곱째, 우리의 감정을 상하게 하는 것은 다른 사람들의 행동이 아니라 그들의 행동에 대한 우리의 판단이다. 왜냐하면 그들의 행 동은 그들의 지배원리에 기초를 두고 있기 때문이다. 그러므로 너 의 감정을 상하는 것처럼 보이는 행동에 대한 너의 판단을 내리지 않기로 결심하라. 그러면 너의 분노도 사라질 것이다.

그러면 나는 어떻게 이러한 판단을 내리지 않을 수 있는가? 그것은 다른 사람의 잘못이 너에게 수치스럽거나 부도덕한 것이 아니라고 생각하면 된다. 왜냐하면 오로지 수치스럽거나 부도덕한 것만이 사악하다는 말이 옳지 않다면, 너는 강도나 그와 유사한 다른 악당이 되는 많은 잘못들을 필연적으로 저질렀을 것이기 때문이다.

여덟째, 우리가 분노하고 속상해 하는 다른 사람들의 행동 그 자체보다는 그 행동에 대한 우리의 분노와 근심이 우리에게 더 많은 피해를 초래한다.

아홉째, 허세나 과시 또는 위선이 없이 순수할 때, 선한 기질은 아무도 그것을 굴복시킬 수 없다. 네가 상대방을 계속해서 친절하게 대한다면, 그리고 기회가 주어질 때마다, 심지어 그가 너를 해치려고 할 때에도 부드럽게 충고하고 침착하게 그의 잘못을 바로잡아 준다면, 가장 오만하고 난폭한 사람인들 너에게 무슨 해를 입힐 수 있겠는가?

그에게는 "이봐, 그렇게 해서는 안 된다. 우리는 자연에 따라 다른 목적을 위해 이 세상에 온 것이다. 나는 분명히 피해를 보지 않을 것이고, 오히려 피해를 보는 것은 바로 너 자신이다."라고 말해주어야 한다.

그리고 일의 순리가 그러하다는 것, 그리고 심지어 꿀벌들도, 본성에 따라 집단을 이루고 살게 되어 있는 다른 모든 동물들도 그가 하는 행동과 같은 짓은 하지 않을 것임을 부드러운 방법으로, 일반적인 원리들에 따라 설명해 주어야 한다.

그러나 너는 이러한 충고를 비꼬거나 질책하는 식으로 해서는 안 되고 오히려 네 영혼에 아무런 유감도 품지 않은 채 충심에서 우러나오는 식으로 해야 한다. 또한 학교에서 강의하듯이 그에게 설교하려고 해서도 안 되고 다른 사람들 앞에서 네가 더 잘난 것처럼 보이기 위해서 해서도 안 된다. 오히려 그가 혼자 있을 때 하거나 다른 사람들이 옆에 있다 해도 그가 혼자 있을 때인 것처럼 해야 한다.

이 아홉 가지 주요한 원칙들을 마치 뮤즈 신으로부터 받은 선물처럼 잘 명심하고 너의 여생을 살아가는 동안 남자다운 사람이 되도록 힘껏 노력하라.

다른 사람들에게 아첨하는 일도, 그들에게 화내는 일도 똑같이 피하라. 왜냐하면 이 두 가지 악덕은 모두 반사회적일 뿐만 아니라 중대한 피해로 인도하기 때문이다.

네가 분노에 사로잡혀 있을 때에는, 분노하지 않는 것이 너를 남자다운 사람으로 만들고, 양순함과 예의는 인간의 본성에 한층 더 적합한 것인 만큼 한층 더 남자다운 것임을 항상 명심하라.

아울러서 격정이나 불만에 굴복하는 사람이 아니라 양순함과 예의를 구비한 사람이 진정한 힘, 참으로 굳센 담력, 참된 용기를 소유한다는 것도 명심하라. 왜냐하면 사람의 정신은 격정에서 벗어나 확고부동해질수록 그만큼 진정한 힘에 가까이 가기 때문이다.

반면에, 고통이 허약함의 증거인 것과 마찬가지로 분노도 또한 허약함의 증거이다. 왜냐하면 고통을 겪는 사람도 분노하는 사람도 모두 상처를 받고 굴복하기 때문이다.

네가 원한다면, 뮤즈 신들의 지도자 아폴로의 열 번째 선물을 받아라.

그것은 악인들에게 잘못을 저지르지 않도록 요구하는 것은 미친 짓임을 알라는 것이다. 왜냐하면 그렇게 요구하는 사람은 불가능한 것을 바라기 때문이다. 그러나 악인들이 다른 사람들에게는 잘못을 저지르도록 허용하면서 너에게는 잘못을 저지르지 않도록 요구하는 것은 비합리적이고 어리석으며 또한 폭군의 짓이다.

19

너의 지배원리의 네 가지 그릇된 태도에 대해 너는 항상 특별히 경계하고, 그것을 발견할 때마다 없애 버리며, 그때마다 이러한 말을 반복하라.

첫째, 이러한 생각은 불필요하다.

둘째, 이러한 생각은 사회의 분열로 이끄는 것이다.

셋째, 네가 지금 말하려고 하는 것은 너 자신의 생각에서 나오는 것이 아니다. 너의 내면적 확신에서 나오지 않는 말을 하는 것은 가장 모순된 것들에 속한다고 너는 생각하지 않으면 안 된다.

넷째, 이러한 모든 것은 육체보다 한층 더 신성한 너의 일부분이 그보다 더 비열하고 더 쉽게 사라질 것, 즉 육체와 육체의 조잡한 쾌락에게 패배하고 굴복한 결과라고 너 자신을 질책해야만 한다.

20

네 안에서 혼합되어 너를 구성하는 공기와 불의 모든 분자들은 그 본성에 따라 위로 올라가게 마련임에도 불구하고, 여전히 우주의 질서에 복종하면서 자신들이 구성하는 육체 안에 억류되어 있다.

또한 네 안에 있는 흙과 물의 모든 분자들도 그 본성에 따라 아래로 내려가게 마련임에도 불구하고, 여전히 위로 올려 져서 자신의 부자연스러운 위치에 있다.

그러므로 이와 같이 물체를 구성하는 요소들은 우주가 분해를 위한 신호를 새로 보낼 때까지 우주에게 복종하여 자기에게 지정된 장소에 억지로 머물러 있다.

그러면 오로지 너의 이성적 부분만이 복종하지 않고 자기에게 지정된 자리에 대해 불만을 품어야만 한다면, 그것은 모순이 아닌가? 게다가 그것을 강제하는 힘은 전혀 작용하지 않고 오히려 그것의 본성에 적합한 것들만 부여되었는데도, 그것은 여전히 복종하지 않고 반대 방향으로 가려고 한다.

그러나 불의, 무절제, 분노, 고통, 공포에 이르는 이러한 움직임은 자연을 거스르는 반항 행위 이외에 아무것도 아니다.

또한 지배원리는 자기에게 닥치는 일에 대해 불만을 품을 때마다 자기에게 지정된 자리도 또한 저버리는 것이다. 왜냐하면 이 지배원리는 신들에 대한 경건함과 공경을 위해, 그리고 그와 못지않게 정의를 위해 만들어진 것이기 때문이다.

사실 신들에 대한 경건함과 공경은 사물들의 구성에 대한 만족과 같은 종류의 것, 즉 사회성의 불가분의 일부분이지만, 정의의 단순한 실천 행위들보다 한층 더 고귀하여 우선하는 것이다.

21

"인생에서 유일하고 변함없는 목적을 가지지 못한 사람은 자기자신도 일생을 통해서 항상 동일하고 변함없는 존재가 될 수 없다." 는 말이 있다.

그러나 인생의 목적이 어떠한 것이 되어야만 하는지도 추가하지 않는다면 이 말은 불완전한 것이 된다.

왜냐하면 모든 사물에 관한 사람들의 의견이 서로 달라서 대다수의 사람들에게 어떤 면에서는 좋다고 보이는 것들 가운데 실제로 좋은 것은 공동의 이익을 위해 유익한 그 일부분뿐인 것과 마찬가지로, 우리가 지향할 인생의 목적은 공동의 것, 즉 사회 공동체의 목적이 되지 않으면 안 된다.

이 목적에 자신의 모든 노력을 경주하는 사람은 항상 변함이 없는 방식으로 행동을 할 것이고, 따라서 자기 자신에게 항상 동일한 사람이 될 것이다.

22

시골 쥐와 도시 쥐를 생각하라. 그리고 도시 쥐가 소스라치게 놀라고 두려움에 떠는 것도 생각하라.

23

소크라테스는 일반 대중의 의견을 라미아라고 부르고는 했는데, 라미아는 어린애들을 공포에 질리게 만드는, 나쁜 아이들을 잡아먹는 도깨비를 가리키는 말이었다.

> ✤ 라미아(Lamia) : 그리스와 로마 신화에서 상반신은 사람이고 하반신은 뱀인 여자괴물이다.

24

스파르타 사람들은 대중 공연장에서 관람할 때 나그네들을 위해

그늘에 좌석들을 마련해 둔 반면에 자기들은 아무곳에나 앉고는
했다.

25

소크라테스는 페르디카스의 초청을 응낙하지 않아 그에게 가지
않는 이유를 "나는 가장 참혹한 죽음으로 인생을 마감하고 싶지 않
기 때문이다."라고 설명했다.

그의 말은 자기가 보답할 능력이 없는 남의 호의는 받아들일 수
없다는 뜻이었다.

> 🌸 페르디카스(Perdiccas) : 여기서 말하는 페르디카스는 실제로는
> 페르디카스 2세의 사생아이자 마케도니아의 왕이었던 아르켈
> 라오스(Archelaos)를 가리킨다.

26

에피쿠로스학파의 글에는 앞서간 사람들 가운데 미덕을 실천한
어떤 한 인물을 자신의 모범으로 삼아 언제나 그를 생각하라고 하
는 교훈이 들어있다.

27

피타고라스학파 사람들은 "새벽에 눈을 들어 하늘을 쳐다보라."고 말한다.

왜냐하면 그렇게 하는 사람은 동일한 법칙과 동일한 방식에 따라 자기 임무를 계속해서 완수하는 천체들을 상기하고, 그것들의 질서, 순수성, 적나라한 모습도 상기하기 때문이다.

그것들이 적나라한 것은 별은 휘장에 가려져 있지 않기 때문이다.

28

아내 크산티페가 자기 외투를 가지고 밖으로 나가버렸을 때 어떻게 소크라테스가 양의 모피 하나만 걸친 채 친구들 앞에 나타났는지 생각해 보라.

또한 그의 그러한 모습을 보고 모욕감을 느끼고 그에게서 물러가는 친구들에게 그가 무슨 말을 했는지도 생각해 보라.

29

너는 글을 읽고 쓰기 위한 규칙들을 너 자신이 먼저 따르지 않는다면 남에게 그러한 규칙들을 가르칠 수 없다. 즉 너는 먼저 학생이 되지 않으면 선생이 될 수 없는 것이다.

삶의 경우는 이것보다 한층 더 그러하다.

30

너는 노예다. 자유로운 발언은 너에게 허용되지 않는다. 즉 "너는 본성의 측면에서 노예다. 따라서 이성을 사용할 권리가 없다."

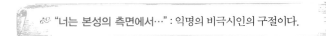

"너는 본성의 측면에서…" : 익명의 비극시인의 구절이다.

31

"나의 마음은 속에서 폭소를 터뜨렸다."

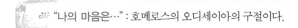

"나의 마음은…" : 호메로스의 오디세이아의 구절이다.

32

"그들은 거친 말을 퍼부으며 미덕을 비난할 것이다."

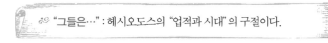

"그들은…" : 헤시오도스의 "업적과 시대"의 구절이다.

33

겨울에 무화과열매를 얻으려고 하는 것은 아이를 더 이상 낳을 수가 없을 때 자녀를 바라는 것과 마찬가지로 미친 짓이다.

   ❧ "겨울에 무화과열매를…" : 에픽테토스의 글을 인용한 것이다.

34

자기 아이에게 키스하는 사람은 그때마다 아이에게 "어쩌면 너는 내일 죽을지도 모른다."라는 말을 반복해서 속삭여야만 한다고 에픽테토스는 말했다.

"그러나 그러한 말은 불길한 조짐의 말이다."

그러나 에픽테토스는 이렇게 대꾸했다.

"자연현상을 표현하는 말은 그 어느 것도 불길한 조짐의 말이 아니다. 만일 그런 말이 불길한 조짐의 말이라면, 밀 이삭들이 익었다고 말하는 것도 불길한 조짐의 말이 된다."

35

익지 않은 포도, 익은 포도, 건포도는 모두 변화를 거치는 것이지만, 허무로 돌아가는 것이 아니라 아직은 존재하지 않은 다른 어떤 것으로 변하는 것이다.

"익지 않은 포도…" : 에픽테토스의 글을 인용한 것이다.

36

"남의 자유의지를 훔쳐가는 도둑들은 존재하지 않는다."고 에픽테토스는 말했다.

37

에픽테토스는 또한 이렇게 말했다.

"사람은 자신의 동의에 대해 그 기술이나 원칙을 발견하지 않으면 안 된다.

또한 자신의 모든 행동에 대해서는 그것이 여건에 비추어 타당하고 공동의 이익에 부합하며, 개별 사물의 가치에 비추어 적절한 것이 되도록 조심하지 않으면 안 된다.

그리고 감각적 욕망에 대해서는 그것의 추구를 철저하게 자제해야만 하고, 자기 힘이 미치지 않는 사물들에 대해서는 혐오감을 드러내서도 안 된다."

38

에픽테토스는 또한 이렇게 말했다.

"그러므로 우리는 일반적인 문제에 관해서가 토론하는 것이 아니라, 미쳤는지 여부를 결정하기 위해 토론하는 것이다."

39

소크라테스는 "여러분은 무엇을 가지기를 원합니까? 이성적 동물의 영혼입니까? 아니면 비이성적 동물의 영혼입니까?"

"이성적 동물의 영혼을 원합니다."

"어떠한 이성적 동물의 영혼을 원합니까? 건전한 이성적 동물의 영혼입니까? 아니면, 타락한 이성적 동물의 영혼입니까?"

"건전한 이성적 동물의 영혼입니다."

"그러면 여러분은 왜 그러한 영혼을 얻으려고 찾지 않습니까?"

"왜냐하면 우리는 이미 그러한 영혼을 가지고 있기 때문입니다."

"그렇다면 여러분은 왜 이 싸움과 이 불화를 계속하는 겁니까?"

제 *12*권

1

네가 샛길을 통해 돌아가서 도달하려고 하는 모든 것은 너 자신
이 그것들을 거부하지만 않는다면 지금 당장 얻을 수 있다. 즉 네가
너의 모든 과거를 뒤에 내버려 두고 전혀 돌아보지 않는다면, 미래
를 섭리에 맡기고 오로지 현재에만 몰두하여 그것이 경건함과 정의
를 향하도록 한다면, 네가 모든 것을 즉시 얻을 수 있는 것이다.

현재를 경건함을 향하게 하는 것은 네가 너에게 주어진 운명을
기쁘게 받아들이고 만족할 수 있게 하려는 것이다. 왜냐하면 자연

은 너에게 운명을, 그리고 운명에게 너를 지정했기 때문이다.

현재를 정의를 향하게 하는 것은 네가 언제나 진실을 자유롭게, 그리고 왜곡이나 위장을 하지 않은 채 말할 수 있고, 모든 행동을 법칙에 적합하게, 그리고 각 행동의 내재적 가치에 적합하게 할 수 있도록 하려는 것이다.

다른 사람의 사악함도, 판단도, 말도 너에게 장애가 되지 못하게 하라. 또한 너의 주위에서 자라난 가련한 육체의 감각들도 너에게 장애가 되지 못하게 하라. 왜냐하면 감각에 예속된 수동적 부분이 스스로 이것을 기대할 것이기 때문이다.

만일 네가 위에 언급한 대로 한다면, 이승을 떠날 때가 언제 닥치든지 오로지 너의 지배원리와 네 안에 있는 신성한 요소만 존중하기 위해 다른 모든 것은 내버려 둔 채 무시할 것이다.

그리고 만일 네가 언젠가는 삶을 끝내지 않으면 안 된다는 사실은 두려워하지 않고 오히려 자연에 따른 삶을 결코 시작하지 못한 것은 아닐까 두려워한다면, 그야말로 너를 만들어 낸 우주에 존재할 자격이 있는 사람이 될 것이고, 너의 조국에서 이방인이 되지도 않을 것이며, 날마다 일어나는 일들을 마치 예기치 못한 것인 듯이 놀라지도 않을 것이고, 항상 이것이나 저것에 의존하는 일도 없을 것이다.

2

모든 사람의 지배원리들에 대해 신은 그것이 물질적 포장이나 껍질을 벗고 불순물들이 제거된 상태를 바라본다. 왜냐하면 신은 오로지 자신에게서 흘러나가 사람들의 육체 안에 흘러 들어간 정신만을 자신의 순수한 정신만으로 접촉하기 때문이다.

너도 이와 마찬가지로 하는 습관이 들었을 때에는 너를 괴롭히는 모든 것에서 벗어날 것이다. 왜냐하면 자기를 둘러싼 육체의 포장을 대수롭게 여기지 않는 사람은 옷, 집, 명성, 그리고 모든 겉치레와 모든 쇼를 보살피는 데 시간을 낭비하지는 않을 것이기 때문이다.

3

너를 구성하고 있는 세 가지 요소는 작은 육체, 활력을 주는 숨결, 즉 생명, 그리고 정신이다. 이 가운데 처음 두 가지는 네가 그것들을 보살필 의무가 있는 한 너의 것이다. 그러나 세 번째 것만은 오로지 너의 전유물이다.

그러므로 네가 너 자신으로부터, 즉 너의 정신으로부터 다른 사람들의 모든 말이나 행동을 분리한다면,

또한 네가 과거에 했던 모든 말이나 행동, 너를 괴롭힐 것이라고 여겨지는 미래의 모든 것들, 너를 둘러싼 육체의 모든 부분들, 그리고 본성에 따라 육체와 결합되어 있고 너의 의지와는 무관하게 독

자적으로 네게서 나오는 활력을 주는 숨결의 모든 부분들을 너의 정신으로부터 분리한다면,

또한 운명의 사슬에서 벗어난 정신의 힘이 올바른 것을 하고 닥치는 것을 받아들이고 진실을 말하면서 순수하고 자유롭게 살도록 너의 정신으로부터 외부적 사물들의 소용돌이가 휘젓는 것들을 분리한다면,

다시 말하지만, 감각의 인상들이 정신에 부착하는 모든 것을 정신으로부터 분리한다면,

그리고 앞으로 분명히 다가올 미래와 이미 지나간 과거를 시간으로부터 분리한다면,

또한 네가 엠페도클레스의 구형, 즉 "완전히 둥글고 자신의 둥그런 고독을 즐기는" 구형과 비슷하게 된다면,

그리고 네가 지금 살아가고 있는 순간, 즉 현재의 시간을 살아가는 일에만 전념한다면,

그렇다면 너는 모든 근심걱정에서 벗어난 채, 고귀하게, 네 안에 있는 신 다이몬에게 복종하면서 평온하게 너의 여생을 죽을 때까지 보낼 수 있을 것이다.

4

사람이 누구나 자기를 다른 모든 사람보다 더 사랑하면서도 왜

자기의 판단보다 다른 사람들의 판단을 더 높이 평가하는지에 대해 나는 자주 의아하게 여기고는 했다.

그러면 만일 신이나 현명한 선생이 어떤 사람에게 나타나서 그에게 생각하자마자 말로 표현하려고 하지 않는 것은 아무것도 상상하지도 말고 생각하지도 말라고 명령한다면, 그는 심지어 하루도 참지 못할 것이 분명하다.

그런데도 우리는 우리에 대한 우리 자신의 평가보다도 이웃사람들의 평가를 더 존중한다.

5

신들이 사람들을 위해 이토록 많은 사랑을 기울여서 이토록 훌륭하게 모든 사물을 정돈한 다음에 어떻게 다음과 같은 한 가지 일만은 소홀히 할 수가 있었겠는가?

즉 어떤 사람들, 그리고 특히 신성과 가장 직접적인 교류를 하고 경건한 행동과 장엄한 종교예식을 통하여 신성과 가장 친밀한 관계에 있는 사람들이 일단 죽은 다음에는 다시 살아날 수가 없고 영원히 소멸된다고 하는 것이 어떻게 가능한가?

그들이 그렇게 된다고 가정할 때, 만일 다른 방도를 취했어야만 했다면 신들은 그 방도를 취했을 것이라고 확신하라. 왜냐하면 그것이 옳은 것이라면 또한 가능한 것이기도 했을 것이고, 그것이 자연에 부합하는 일이었다면 자연은 그렇게 되도록 개입했을 것이기 때문이다.

그러나 다른 방도대로 되지 않았다면, 또한 실제로 다른 방도대로 되지 않았다는 사실을 고려하면, 다른 방도대로 되어서는 안 되었다고 확신하라.

너 자신도 또한 이토록 모순된 질문들을 던지는 것이 신들과 논쟁을 하려고 하는 것임을 잘 알고 있다. 그러나 신들이 절대적으로 선하고 정의롭지 않다면 우리는 그들과 결코 이러한 논쟁을 할 수도 없고, 또 해서도 안 될 것이다.

그런데 만일 신들이 절대적으로 선하고 정의롭다면, 그들은 자기 자신들이 잘 정돈한 우주의 어떠한 일부분이라도 소홀히 하여 부당하고 불합리한 방식으로 방치되는 것을 허용하지는 않았을 것이다.

6

네가 도저히 달성할 수 없다고 생각하는 모든 것에 대해서조차 연습을 계속하라.

왜냐하면 심지어 왼손조차도 다른 모든 것에 관해서는 숙달되지 않아서 서투르지만, 고삐를 쥐는 일에 관한 한 숙달되어 있기 때문에 오른손보다 더 힘 있게 그것을 쥐기 때문이다.

7

죽음이 사람에게 닥쳤을 때 그가 자신의 육체와 영혼 안에서 어떠한 상태에 있을 것인지 생각해 보라.

또한 인생의 참으로 짧은 기간, 과거와 미래의 시간의 한없는 심연, 그리고 모든 사물의 허약함도 생각해 보라.

8

모든 사물을 그 껍질을 벗겨 버린 채 그 형성 원리, 즉 원인을 생각해 보라.

너의 행동들의 목적을 생각해 보라.

무엇이 고통이고 무엇이 쾌락이며 무엇이 죽음이고 무엇이 명성인지 생각해 보라. 즉 이러한 것들의 본성을 생각해 보라.

또한 어느 누가 자기 자신의 근심과 불안의 원인이 아닌지 생각해 보라.

어떻게 아무도 다른 사람들에 의해 방해를 받지 않는지도 생각해 보라.

모든 사물은 우리가 그것이 그러하다고 판단하는 것에 불과하다는 것도 생각해 보라.

9

너의 원리들을 적용할 때 검투사처럼 하지 말고 권투와 레슬링을 혼합한 격투기의 선수처럼 하라.

왜냐하면 검투사는 자기가 사용하는 칼을 떨어뜨리면 그것을 다시 잡거나 살해되는 반면에, 격투기 선수는 자기 손을 항상 사용할 수 있고 그것을 잘 보존하기만 하면 되기 때문이다.

10

모든 사물을 질료와 형상과 목적으로 분석하여 그것이 실제로 무엇인지 잘 살펴보라.

11

신이 인정하고 칭찬하는 것 이외에는 아무것도 하지 않고, 신이 자기에게 부여하는 것은 자연에 부합하는 것이기 때문에 받아들이는 자유로운 능력, 인간이 가진 이러한 자유로운 능력은 얼마나 위대한가!

12

자연에 부합하게 일어나는 현상들에 대해서는 신들도 다른 사람들도 비난해서는 안 된다.

왜냐하면 신들은 고의로든 마지못해서든 잘못을 저지르는 일이 결코 없고, 사람도 마지못한 경우가 아니면 잘못을 결코 저지르지 않기 때문이다.

그러므로 아무도 비난을 받아서는 안 된다.

13

인생에 닥치는 많은 일들 가운데 단 한 가지에 놀라는 사람은 얼마나 우스꽝스럽고 또 얼마나 세상물정을 모르는 사람인가!

14

세상에 존재하는 것은 운명적 필연성과 대적할 수 없는 질서이거나, 아니면 자비로운 섭리이거나, 아니면 목적도 통제자도 없는 혼돈이다.

만일 대적할 수 없는 필연성이 존재한다면 너는 왜 저항하는가?

그러나 만일 사람이 자기를 달래 주는 것을 허용하는 자비로운 섭리가 존재한다면, 너는 신의 도움을 받을 자격이 있는 사람이 되라.

그러나 통제가 불가능한 혼돈이 존재한다면 너는 이토록 엄청난 노도나 폭풍우에 시달리면서도 너 자신 안에 너를 지배하는 정신을 지니고 있다는 것에 대해 만족하고 기뻐하라.

노도나 폭풍우가 너를 휩쓸어 간다면 그것은 다만 너의 육체, 너의 활력을 주는 숨결, 그리고 너의 나머지 전부를 휩쓸어 가 버릴 뿐이다. 왜냐하면 너의 정신은 결코 휩쓸려 갈 수가 없는 것이기 때문이다.

15

등불은 완전히 꺼지기 전까지는 계속해서 찬란한 광채를 발산하게 마련이다. 그런데 네 안에 있는 진리, 정의, 절제가 너의 죽음 이전에 사라질 수 있겠는가?

16

어떤 사람이 잘못을 저지른 것처럼 보일 때마다 너 자신에게 다음과 같은 질문을 던져라.

그의 행동이 잘못이라는 것을 나는 어떻게 아는가?

그가 잘못을 저질렀다 해도 그가 자기 자신을 단죄하지 않는다고 내가 어떻게 아는가?

그가 자기 자신을 단죄하지 않는 것은 자기 얼굴을 손톱으로 할퀴는 짓이 아닌가?

악인이 잘못을 저지르지 않기를 요구하는 사람은 무화과나무가 열매 안에 즙을 만들지 않기를, 어린애가 울지 않기를, 말이 울지 않기를, 그 외의 다른 모든 사물들이 불가피한 일을 하지 않기를 바라는 사람과 같다.

그러면 사악한 기질을 가진 악인이 다른 무슨 행동을 할 수 있겠는가? 네가 그의 행동에 대해 속이 상한다면 그의 기질을 고쳐 주어라.

17

올바른 일이 아니라면 하지 마라.
진실이 아니라면 말하지 마라.

18

너에게 어떤 인상을 주는 모든 사물에 대해서 그것이 실제로 어떠한 것인지 잘 관찰하라. 즉 그것을 질료, 형상, 목적으로 분석하여 관찰하고 그것이 소멸하기 이전까지 존속하는 기간도 고찰하라.

19

너에게 격정들을 일으키고 너를 꼭두각시처럼 조종하려는 것보다 한층 더 우수하고 강력하며 신성한 어떤 것이 네 안에 있다는 사실을 드디어 깨달아라.

지금 이 순간에 내 마음 속에는 무엇이 들어있는가? 두려움, 의심, 욕망인가? 또는 이와 유사한 다른 것인가?

20

첫째, 어떠한 행동도 무분별하게 또는 목적 없이는 하지 마라.

둘째, 공동의 이익 이외에는 다른 어떠한 것도 너의 행동의 목적으로 삼지 마라.

21

머지않아 곧 너는 더 이상 존재하지 않을 것이고 아무 곳에도 없을 것이며, 네가 지금 보는 모든 사물도, 현재 살아있는 모든 사람도 역시 그러할 것임을 생각하라.

왜냐하면 모든 사물은 변화하고 변모하며 소멸하여 다른 사물들이 이어서 존재하게 되는 것이 자연의 법칙이기 때문이다.

22

모든 것은 판단에 달려 있고 판단은 네가 좌우할 능력이 있다는 사실을 생각하라. 따라서 네가 어떤 것에 대해 판단을 내리고 싶지 않을 때는 그렇게 하라.

그러면 바다에 돌출한 육지 끝을 돌아서 항해한 선원처럼 너는 잔잔한 바다, 완전한 평온함, 그리고 격랑을 피할 수 있는 항만을 즉시 발견할 것이다.

23

모든 개별 동작은 그것이 어떠한 것이든지 간에 적절한 순간에 정지되었을 때 정지되었다는 사실 때문에 피해를 입는 것은 전혀 없다. 또한 그 동작을 한 사람도 동작이 정지되었다는 사실 때문에 피해를 입는 것은 전혀 없다.

이와 마찬가지로 우리의 모든 동작으로 구성된 행동 전체, 즉 우리의 일생은 적절한 순간에 종료되었을 때 종료되었다는 사실 때문에 피해를 입는 것은 전혀 없다. 또한 일련의 그 동작을 한 사람도 모든 동작이 적절한 순간에 종료되었을 때 종료되었다는 사실 때문에 피해를 입는 것은 전혀 없다.

그리고 적절한 시기와 종료는 자연이 결정하고, 때로는 노년기의 경우처럼 사람의 개별적인 본성이 결정하지만, 어떠한 경우에든 결정의 주체는 항상 우주의 본성이다.

왜냐하면 우주 전체는 그 각종 부분들의 변화를 통하여 젊고 왕성하고 완전한 상태를 영원히 유지하기 때문이다. 그리고 우주 전체에게 유익한 모든 사물은 항상 아름답고 시기적절한 것이다.

그러므로 생명의 종료는 개인에게 해로운 것이 아니다. 왜냐하면 그것은 의지나 자유로운 선택에 달려 있는 것이 아니라서 수치스러운 것도 아니고 또한 공동의 이익을 거스르는 것도 아니기 때문이다.

오히려 이것은 우주 전체를 위해 시기적절한 것이고 유익하며 적합한 것이다. 따라서 이것은 유익한 것이다. 신의 방향과 같은 방향으로 움직이고, 동일한 목적을 향하여 정신과 함께 움직이는 사람은 이렇게 신에 의해서 움직여지는 것이다.

24

다음과 같은 세 가지 원칙을 항상 명심하라.

첫째, 네가 하는 모든 행동에 있어서 무분별한 행동, 그리고 정의 자체가 할 행동이 아닌 다른 행동은 결코 하지 마라.

외부적 여건에 따라 너에게 일어나는 모든 일에 관해서는 그것이 우연이나 섭리에 따라 일어나는 것인 만큼 너는 우연도 섭리도 비난해서는 안 된다.

둘째, 모든 개인은 잉태되는 순간부터 영혼을 받을 때까지, 영혼을 받는 순간부터 그것을 다시 돌려줄 때까지 그의 본성이 어떠한 것인지, 그들은 어떠한 요소들로 구성되어 있으며 어떠한 것으로 변하는지 생각해 보라.

셋째, 만일 네가 단숨에 갑자기 지상에서 높은 곳으로 들어 올려져서 너의 발아래에서 사람들이 사는 무수히 다양한 모습을 내려다본다면 너는 그들의 삶을 경멸하게 될 것이다. 왜냐하면 너는 동시에 너의 주위의 공중과 하늘을 가득 채우는 무수한 존재들도 한눈에 알게 될 것이기 때문이다.

또한 너는 그렇게 아무리 자주 위로 들어 올려 진다고 해도 항상 똑같은 것들만 보게 될 것이다. 즉 형태도 똑같고 존속기간도 하루살이와 같은 모든 사물을 보게 될 것이다. 이러한 사물들에 대해서 우리는 무엇을 자만할 것이 있겠는가?

25

판단을 버려라. 그러면 너는 구제된다.

그러면 판단을 버리지 못하도록 누가 너를 방해한단 말인가?

26

네가 어떤 일 때문에 괴로워할 때마다 그것은 네가 모든 일은 우주의 본성에 따라 일어난다는 것, 다른 사람의 잘못은 그것을 저지르는 사람의 것이고 너의 것이 아니라는 것, 닥치는 모든 일은 과거에도 일어났고 미래에도 일어날 것이며 또 지금도 어디서나 일어나고 있다는 것, 그리고 사람은 누구나 인류 전체와 동족이고 그 연결은 혈연이나 가문이 아니라 정신의 연결이라는 것을 잊어버렸기 때문이다.

또한 너는 각 개인의 정신은 모두가 신성한 것이고 신으로부터 흘러나온 것임도 잊었고, 그 어떠한 것도 사람의 소유가 아니고 오히려 너의 자녀, 너의 몸, 심지어 너의 정신마저도 신으로부터 너에게 온 것이며, 모든 것은 판단에 달려 있고, 끝으로 사람은 누구나 오로지 현재의 순간만 살아가고 있고 그가 잃는 것의 전부는 오로지 이 현재의 순간뿐임도 잊어버렸기 때문이다.

27

하찮은 것 때문에 몹시 격분하던 사람들에 이어서 명성의 절정에 올랐던 사람들, 또는 불행의 가장 낮은 밑바닥에 떨어진 사람들, 또는 극도의 증오로 불타던 사람들, 또는 각종 행운의 절정에 도달했던 사람들을 끊임없이 상기하고, 그 다음에는 "그들은 모두 지금 어디 있는가?'라고 곰곰 생각해 보라.

그들은 모두 연기, 재, 일화에 불과하거나 더 이상 일화도 되지 못한다.

그리고 그와 비슷한 모든 경우들도 아울러서 생각해 보라.

예를 들면, 자신의 시골 별장에서 살던 파비우스 카툴리누스, 자기 정원들에 머물던 루키우스 루푸스, 바이아에서 머물던 스테르티니우스, 카프리 섬에서 머물던 티베리우스, 그리고 벨리우스 루푸스를 생각해 보라.

그리고 일반적으로 사람들이 허영심 때문에 개별 사물들을 추구하던 각종의 모든 태도들을 살펴보라.

또한 사람들이 모든 힘을 다해 추구하던 모든 것이 얼마나 무가치한 것인지, 또한 사람들이 자신에게 주어진 모든 여건에서 정의롭고 자제하며 신들의 뜻에 복종하는 사람으로 자신을 극히 소박하게 드러내는 것이 얼마나 현명한지 생각해 보라.

왜냐하면 자신이 오만하지 않다고 자부하는 오만이야말로 모든 오만 가운데 가장 나쁘고 가장 용납할 수 없는 것이기 때문이다.

&ᵉ **파비우스 카툴리누스(Fabius Catullinus)**, **루키우스 루푸스 (Lucius Lupus)**, **바이아에(Baiae)에서 머물던 스테르티니우스 (Stertinius)**, **벨리우스 루푸스(Velius Rufus)** : 누구를 가리키는지 불명확하다.

&ᵉ **티베리우스(Tiberius)** : 서기 14년부터 37년까지 로마 황제인데, 만년을 카프리 섬에서 보냈다.

28

"너는 어디서 신들을 보았는가? 너는 신들이 존재한다는 것을 어떻게 알아서 이러한 식으로 공경하는가?"라고 묻는 사람에게는 이렇게 대답하라.

첫째, 신들은 우리의 육안에도 분명히 보인다.

둘째, 나는 나 자신의 영혼도 보지 못했지만 그것을 존경한다. 신들에 대해서도 이와 마찬가지이다. 즉 나는 신들의 힘을 체험할 때 얻는 모든 개별적인 증거들에 따라 신들이 존재한다고 결론을 짓고 따라서 그들을 공경한다.

> Ꮽ 신들은 우리의 육안에도 분명히 보인다. : 이 구절은 천체들을 신성하다고 믿은 스토아학파의 믿음을 가리키는 것으로 보인다.

29

인생의 안전은 모든 사물에 대하여 그것의 질료는 무엇이며 그것의 형상은 무엇인지 검토하여 그 사물 자체를 볼 줄 아는 데에, 그리고 영혼을 다하여 올바른 행동을 하고 진실을 말하는 데에 있다.

선행에 선행을 거듭하면서, 그리하여 그것들 사이에 가장 작은 간격도 허용하지 않으면서 삶을 즐기는 것 이외에 다른 그 무엇이 남겠는가?

30

벽들, 산들, 그 외의 무수한 장애물들이 가로막는다 해도 태양의 광선은 하나이다.

각자 특질을 지닌 무수한 개별 사물에게 분배된다 해도 공통된 실체는 하나이다.

무한한 본성들에게, 그리고 개별적 한계들이나 개체들에게 분배된다 해도 활력을 주는 숨결은 하나이다.

분할된 것처럼 보인다 해도 이성적 영혼은 하나이다.

위에 언급된 사물들의 경우, 유기체들의 활력을 주는 숨결과 무기체들과 같은 모든 다른 부분들은 감각이 없고 서로 상관하지 않는다. 그러면서도 이러한 부분들마저도 통합의 원리 또는 합리적 원리로, 그리고 모든 부분들이 동일한 중심을 향하여 끌리고 있다는 사실로 한 덩어리가 되어 유지되고 있다.

그러나 정신은 자기와 같은 종류에 속하는 것을 향해 끌리고 그것과 결합하려는 특질을 지니며, 정신의 사회적 본능은 아무런 방해도 용납하지 않는다.

31

너는 무엇을 원하는가? 계속해서 살아가기를 바라는가? 그래서 감각이 있기를, 움직이기를 바라는가? 성장하기를, 그런 다음에는 성장이 끝나기를 바라는가? 말하기를, 생각하기를 바라는가? 이러한 모든 것의 어떤 점이 너에게 그것을 바랄만한 가치가 있도록 보이게 하는가?

만일 이 모든 것이 너에게 아무런 가치도 없고 경멸할 만한 것으로 보인다면, 너의 목적을 향해 서둘러 가라, 즉 이성과 신을 따라가라.

그러나 죽음이 이러한 모든 것을 박탈할 것이라는 이유로 화를 내고 이러한 모든 것에게 가치를 부여하는 것은 이성과 신을 따른다는 너의 목적과 분명히 대립되는 것이다.

32

각 사람에게는 시간의 무한한 심연의 얼마나 미소한 파편이 할당되었는가!

사람은 누구나 한순간에 분해되어 영원 속으로 사라지는 존재가 아닌가!

각 사람에게는 우주의 질료의 얼마나 미소한 파편이 할당되었는가!

각 사람에게는 우주의 영혼의 얼마나 미소한 파편이 할당되었는가!

지구 전체의 얼마나 미소한 땅 덩어리를 너는 기어 다니는가!

이 모든 것을 잘 살펴본 다음에, 너의 개별적 본성이 너를 인도하는 대로 행동하는 것과 우주의 본성이 너에게 가져다주는 것을 받아들이는 것 이외에는 그 어느 것도 대단한 가치를 지니지 못한다고 생각하라.

33

지배원리는 자기 자신을 어떻게 이용하는가? 왜냐하면 이 지배원리는 본질적인 것이고 모든 것이 이것 안에 놓여 있기 때문이다.

그러나 이것 이외의 모든 것은, 그것이 너의 의지에 달려 있든 아니든 간에, 생명도 없는 재와 연기에 불과하다.

34

심지어 쾌락은 유익한 것이고 고통은 해로운 것이라고 판단하는 사람들마저도 죽음을 경멸한다고 생각하면, 이러한 생각은 죽음에 대한 경멸을 한층 더 촉진한다.

35

오로지 적절한 순간에 닥치는 일만이 좋은 것이라고 여기는 사람, 올바른 이성에 부합하는 행동을 많이 했든 적게 했든 다 똑같다고 여기는 사람, 세상에 관한 명상을 오래 했든 짧게 했든 차이가 없다고 여기는 사람, 이러한 사람에게는 죽음이 공포심을 더 이상 일으키지 못한다.

36

사람인 너는 이 거대한 도시, 즉 세상의 시민으로 지내 왔는데, 5년 동안 살거나 50년 동안 살거나 그것이 너에게 무슨 상관인가? 왜냐하면 각 사람에게는 오로지 자신의 법칙들에 부합하는 것만이 그에게 올바른 것이기 때문이다.

그런데 너를 이 도시에서 떠나가게 하는 것이 폭군도 불의한 판사도 아니고 너를 이 도시로 데려다 주었던 자연이라면, 네가 두려워할 것이 무엇이 있는가?

자연이 너를 이 도시에서 떠나가게 하는 것은 마치 연극배우를 고용했던 시장이 그를 해고하여 무대를 떠나게 하는 것과 마찬가지이다.

"그렇지만 나는 5막 연극 가운데 3막까지만 연기했고 나머지는 아직 남아 있다."

"그건 그렇다. 그러나 인생에서는 3막도 연극 전체가 될 수 있다."

왜냐하면 너의 최종적 종료를 결정하는 것은 언젠가 너를 구성하는 권한을 지녔던 바로 그 존재이고 그 존재가 이제 너의 해체도 결정하는 반면에, 너는 너 자신의 구성에 대해서도 해체에 대해서도 아무런 권한이 없기 때문이다.

그러므로 너는 만족한 채 무대를 떠나라. 왜냐하면 너를 해고하여 무대를 떠나게 하는 그 존재도 역시 만족하기 때문이다.

아우렐리우스의 주요 연대기

117년~138년 | 하드리아누스 황제의 재위 기간이다.

121년 | 이 책의 저자는 4월 26일 로마에서 출생했다. 그의 아버지 안니우스 베루스(Marcus Annius Verus)는 스페인 중부지방 베티카에서 유래한 로마의 귀족이다. 출생 당시 저자의 이름은 마르쿠스 안니우스 베루스였다.

124년경 (3세) | 집정관인 아버지가 죽었다.

138년 (17세) | 트라야누스 황제는 자기 후계자로 지명되었던 엘리우스 카이사르가 죽자 아우렐리우스의 외삼촌 안토니누스(T. Aurelius Antoninus)를 후계자 겸 양자로 삼았다. 안토니누스는 아우렐리우스, 그리고 엘리우스 카이사르의 어린 아들 코모두스(Lucius Ceionius Commodus)를 후계자 겸 양자로 삼았다. 아우렐리우스는 이름을 마르쿠스 아우렐리우스 안토니누스로 바꾸었다. 7월 10일에 하드리아누스가 죽자 안토니누스가 뒤를 이어 안토니누스 피우스 황제가 되었다.

139년 (18세) | 카이사르의 호칭을 받았다.

140년 (19세) | 안토니누스 피우스와 함께 처음으로 집정관이 되었다.

145년 (24세) | 안토니누스 피우스의 딸 안니아 갈레리아 파우스티나
(Annia Galeria Faustina)와 결혼했다.

147년 (26세) | 장녀 도미티아 파우스티나가 태어났다.

155~161년 (34~40세) | 어머니 도미티아 루칠라가 죽었다.

161년 (40세) | 3월 7일 안토니누스 피우스가 죽자 아우렐리우스가 뒤
를 이었다. 그는 이복동생 코모두스와 통치권을 공유했
다. 장남 아우렐리우스 코모두스(L. Aurelius Commodus)
가 태어났다. 동방에서 전쟁이 발발했다.

163~166년 (42~45세) | 아르메니아, 메디아, 파르티아에서 승리를 거두
었다.

167년 (46세) | 페스트가 유행했다. 게르만의 여러 부족들이 로마제국
영토에 침입했다.

168년 (47세) | 점령지역들을 향해 로마를 떠났다. 아퀼레이아(Aquileia)
에 총사령부를 설치했다.

169년 (48세) | 이복동생이자 공동 통치자인 코모두스가 죽었다.

170년경 (49세) | 열네 번째이자 마지막 자녀로 추정되는 딸(Vibia
Aurelia Sabina)이 태어났다.

170~171 (50세) | 게르만 부족들이 북부 국경지대에 침입했다. 다뉴브
강 일대를 평정했다.

171~173 (50~52세) | 카르눈툼(Carnuntum)에 총사령부를 설치했다. 게
르만 부족들을 격파하고 승리를 거두었다. 사르마

티 부족과 전쟁했다.

174년 (53세) | 쿠아디 부족과 전쟁했다. 시르미우스(Sirmius)에 총사령부를 설치했다.

175년 (54세) | 카시우스(Avidius Cassius)가 동방에서 반란을 일으켰다. 사르마티 부족과 전쟁했다. 아내 파우스티나와 아들 코모두스를 대동하고 동방을 향해 떠났다. 아내가 죽었다.

176년 (55세) | 아들과 함께 로마에서 개선 기념식을 거행했다.

177년 (56세) | 아들 코모두스를 공동 통치자로 삼았다.

178년~179년 (57~58세) | 다뉴브 북부의 부족들을 평정했다.

180년 (59세) | 3월 17일 시르미우스 근처에서 말라리아로 죽었다. 아들 코모두스가 뒤를 이어 황제가 되었다.

다뉴브 강의 부교를 건너 가다

찾아보기

※ 참고 : 2-11은 제2권 11항을 가리킨다.